글 이승원 **그림** 유남영
1판 1쇄 2023년 11월 6일 **1판 2쇄** 2023년 11월 20일
펴낸곳 도서출판 키움 **펴낸이** 김준성
주소 경기도 파주시 회동길 325-16
등록 2003.6.10(제18-144호) **전화** 02-887-3271,2 **팩스** 031-941-3273
홈페이지 www.kwbook.com

ⓒ 2023 도서출판 키움
· 이 책에 실린 모든 글과 그림을 저작권자의 허락 없이 무단으로 복제, 복사, 배포하는 것은 저작권자의 권리를 침해하는 것입니다.
· 잘못된 상품은 구매하신 곳에서 교환하실 수 있습니다.

77가지 퀴즈로 만나는 초등 교과서 개념 사전

풀고 싶은 퀴즈 알고 싶은 한국사

글 이승원 그림 유남영

 **작가의 말**

우리는 한국사를 왜 배워야 할까요?

역사를 알면 미래가 보인다!

우리 조상들이 열정과 용기, 지혜와 노력으로 이룬 수많은 업적은 우리나라 역사를 빛낼 만큼 놀랍고 대단해요. 역사는 과거에만 머물지 않고 현재를 잇고, 나아가 미래를 내다볼 수 있기에 오늘날 우리 삶에 지대한 영향을 끼친답니다. 그래서 초등학교 5학년부터 배우기 시작하는 한국사에 대해 학부모와 학생들의 관심이 날로 높아지고 있지요.

개념을 이해하여 흐름을 연결하라!

하지만 한국사는 낯선 한자어가 많고 내용도 방대하여, 처음 역사를 배우는 아이들에게 조금은 어려울 수 있어요. 이럴 때는 역사적 사건이나 관련 용어를 먼저 이해하고, 시대별로 사건을 연결해 전체를 파악하면 한국사를 공부하기가 훨씬 수월해요.

퀴즈로 배우는 한국사

이 책은 퀴즈로 호기심을 끌어내 한국사 개념을 익히는 책이에요. 아이들의 눈높이에 맞춰 시대순으로 개념을 뽑아, 적절한 분량으로 정리했어요. 개념과 연결한 퀴즈를 풀면서 역사적 사건을 입체적으로 이해하고, 어렵다고 생각한 한국사를 쉽고 재미있게 배울 수 있지요.

이 책을 통해 우리 아이들이 우리 역사와 문화에 자부심을 갖기를 바랄게요. 이제, 책을 펼쳐 신나는 한국사 여행을 떠나 볼까요?

2023년 11월
이승원

 이 책의 활용법

초등학교 선생님이 뽑은 **교과서 개념 77가지**를 퀴즈로 즐겨 보자!

1 호기심 퀴즈

재미있는 만화풍의 그림을 곁들인 사지선다형 상식 퀴즈!
알 듯 말 듯 알쏭달쏭한 퀴즈를 풀다 보면 어느새 호기심이 팡팡 터지고 지식이 차곡차곡 쌓여요.

 보너스 팁

단원별 마무리 활동

단원이 끝나면 배운 개념을 바탕으로 역사의 흐름을 정리해요. 연표로 시대를 들여다 보거나 우리나라의 독립운동가들을 살펴봐요.

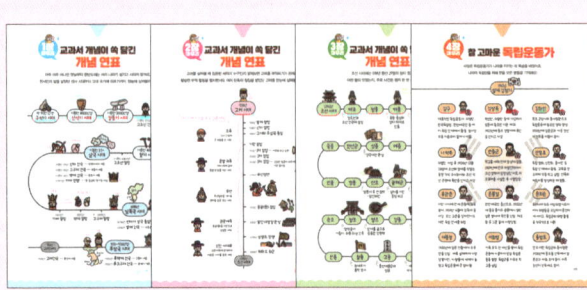

정답 ❶ 황산벌에서 백제군 5천 명과 함께 신라에 맞선 백제 장군은 계백이에요.

계백

황산벌 전투에서 나당 연합군에 맞서 싸우다 죽은 백제의 장군

계백은 백제를 공격한 나당(신라와 당나라) 연합군에 맞서 황산벌에서 싸우다 죽음을 맞은 백제의 마지막 장군이에요.
660년에 나당 연합군이 백제로 쳐들어오자, 백제의 마지막 왕인 의자왕은 계백에게 5천 명의 결사대(죽음까지도 각오한 부대)를 내주었어요. 당나라와 연합한 신라군이 5만 대군이었으니, 백제군의 10배나 많은 신라군과 싸우려면 죽기를 각오해야 했어요. 계백은 전쟁터에 나가기 전에 아내와 자식을 죽였어요. 싸움에 지면 적의 노비가 될 일이 죽느니만 못하다고 생각했거든요.
계백은 5천 결사대를 이끌고 황산벌의 험준한 산에서 전략을 세워 신라군을 방어했어요. 죽음을 불사하고 싸운 백제군이 네 차례에 걸친 전투에서 모두 승리하자, 신라군의 사기는 땅에 떨어졌지요. 그러자 16세의 신라 화랑 관창이 임전무퇴의 정신으로 적진에 뛰어들었어요. 관창의 용기에 신라군의 사기는 다시 높아졌고, 신라군의 집중 공세를 막아 내지 못한 계백은 결국 황산벌에서 목숨을 잃고 말았어요. 황산벌 전투에서 패배한 백제는 끝내 무너졌고, 승리한 신라는 삼국 통일의 발판을 마련했답니다.

2 명쾌한 해설

앞에 나온 상식 퀴즈의 정답을 간결한 설명으로 명쾌하게 풀어 이해가 쏙쏙!

3 한 줄 정리

핵심 내용을 한 줄로 정리해 상세한 내용을 읽지 않아도 77가지 교과서 개념이 잡혀요.

4 개념 설명

퀴즈로 연결한 교과서 개념을 조금 더 풀어서 설명해요. 교과서에서 다루는 내용보다 깊이 있는 정보를 배워요.

우오옷! 퀴즈로 잡는 교과서 개념 이라니!

궁금한 건? 찾아보기

앞에서 배운 교과서 개념과 관련 용어를 가나다순으로 정리해 사전처럼 찾아보기 좋아요.

 차례

- 작가의 말 4
- 이 책의 활용법 6

1장 교과서 속 고대 이야기

1. **역사**가 될 수 있는 일은? 역사 ·········· 13
2. **문자**가 없던 옛날의 일은 어떻게 알 수 있을까? 선사 시대 ·········· 15
3. 타임머신을 타고 **구석기 시대**로 간다면 할 수 있는 일은? 구석기 시대 ·········· 17
4. **신석기 시대**에 살고 있는 아이는? 신석기 시대 ·········· 19
5. **청동기 시대**에 볼 수 없는 사람은? 청동기 시대 ·········· 21
6. **단군왕검**에 대해 바르게 설명한 것은? 단군왕검 ·········· 23
7. 고조선의 **8조법**에 대해 바르게 말한 사람을 모두 고르면? 8조법 ·········· 25
8. **철기 시대**에 볼 수 있는 것은? 철기 시대 ·········· 27
9. **고구려** 고국천왕 때, 굶어 죽는 **백성**을 위해 시행한 일은? 진대법 ·········· 29
10. **광개토 대왕릉비**에 대한 설명이 아닌 것은? 광개토 대왕릉비 ·········· 31
11. 고구려가 **수나라 대군**을 물리치기 위해 내세운 전략 **두 가지**는? 살수 대첩 ·········· 33
12. 삼국 중에서 **백제**가 가장 먼저 **전성기**를 이룬 비결은? 근초고왕 ·········· 35
13. **무령왕릉**을 설명한 내용으로 바른 것은? 무령왕릉 ·········· 37
14. 나는 **누구**일까? 계백 ·········· 39
15. 삼국의 **건국 신화**에는 왜 믿기 어려운 탄생 설화가 많을까? 박혁거세 ·········· 41
16. 신라가 **왕권 강화**를 위해 **불교**를 받아들인 이유는? 이차돈 ·········· 43
17. 고대 사람들은 왜 **천문학**에 관심이 많았을까? 첨성대 ·········· 45
18. **무열왕**이 즉위 전에 "넌 왕이 될 자격이 없어!" 라는 말을 들은 이유는? 태종 무열왕(김춘추) ·········· 47
19. 신라의 **골품제**가 끼친 영향이 아닌 것은? 골품제 ·········· 49
20. 나는 **누구**일까? 김유신 ·········· 51
21. 신라의 **청소년 단체**인 화랑도에서 **화랑**은 무슨 뜻일까? 화랑도 ·········· 53
22. 고구려, 백제, 신라와 공존하던 **가야**를 삼국에서 빼는 이유는? 가야 ·········· 55
23. **원효 대사**는 해골 물을 마시고 무엇을 깨달았을까? 원효와 의상 ·········· 57
24. **신라 사람들**을 위해 **당나라**에 설치한 시설은? 신라방 ·········· 59
25. **청해진**에 대한 설명으로 틀린 것은? 장보고 ·········· 61

㉖ 통일 신라 말에 나타난 **호족**을 한자로 바르게 나타낸 것은? 호족 ······ 63
㉗ 나는 **누구**일까? 발해 ·································· 65

교과서 개념이 쏙 담긴 개념 연표 67

2장 교과서 속 중세 이야기

㉘ 고려를 세운 **왕건**이 부인을 **29명**이나 둔 이유는? 왕건 ······ 69
㉙ 왕건이 남긴 **훈요 10조**는 무엇일까? 훈요 10조 ······ 71
㉚ 고려 시대에 **과거**를 치르지 않고도 **관직**을 주는 관리 등용 제도는? 고려 과거제 ······ 73
㉛ 최승로가 쓴 **시무 28조**에 대해 잘못 말한 것을 고르면? 시무 28조 ······ 75
㉜ 고려 시대의 **불교**에 대한 설명으로 바른 것은? 팔만대장경 ······ 77
㉝ **서희 장군**이 거란의 **80만 대군**을 물리친 비법은? 서희의 담판 ······ 79
㉞ **KOREA**라는 이름은 어떻게 생겨났을까? 벽란도 ······ 81
㉟ 고려 무신들은 왜 **무신 정변**이라는 반란을 일으켰을까? 무신 정변 ······ 83
㊱ **고려 시대 특수 부대**로 불린 **삼별초**가 한 일이 아닌 것은? 삼별초 ······ 85
㊲ **이성계**가 요동 정벌을 반대한 이유에 해당하지 않는 것은? 위화도 회군 ······ 87
㊳ **새로운 나라**를 건국하기 위해 **이성계**와 손잡은 세력은? 신진 사대부 ······ 89
㊴ 정몽주가 지은 **단심가**는 어떤 내용일까? 정몽주 ······ 91

교과서 개념이 쏙 담긴 개념 연표 93

3장 교과서 속 근세 이야기

㊵ 한양 도성에 있는 **사대문**의 이름과 **유교 덕목**을 잘못 짝지은 것은? 정도전 …… 95
㊶ **태종 이방원**이 왕권을 강화하려고 실시한 정책이 아닌 것은? 태종 이방원 …… 97
㊷ **집현전** 학자가 한 일이 아닌 것은? 집현전 …… 99
㊸ 조선 최고의 **발명왕**이라 칭송받는 장영실이 개발한 발명품은? 세종 대왕 …… 101
㊹ **사육신**이 굳이 **단종**을 왕위에 세우려 한 이유는? 사육신과 생육신 …… 103
㊺ 우리나라 최고 법전으로 평가받는 **경국대전**의 내용이 아닌 것은? 경국대전 …… 105
㊻ 조선 시대 **양반**에 대한 설명으로 옳지 않은 것은? 양반 …… 107
㊼ **지폐** 속 인물은 누구일까? 이황과 이이 …… 109
㊽ **임진왜란**을 부르는 또 다른 이름은? 임진왜란 …… 111
㊾ 임진왜란 **3대 대첩**에 해당하지 않는 것은? 의병 …… 113
㊿ 임진왜란 이후 **명**과 **후금** 사이에서 **광해군**이 한 일은? 광해군의 중립 외교 …… 115
(51) **후금**이 조선을 침공한 이유는? 병자호란 …… 117
(52) **병자호란** 이후 효종은 어떤 외교를 펼쳤을까? 북벌론 …… 119
(53) 조선 시대에 만든 **당파 집단**으로 현대 정치의 **정당**과 비슷한 것은? 붕당 …… 121
(54) **영조**가 붕당의 **화해**를 바라며 선보인 음식 이름은? 탕평책 …… 123
(55) **조선 시대 백성**이 내던 **세금**이 아닌 것은? 대동법 …… 125
(56) 조선 시대 **이앙법**을 설명한 내용으로 틀린 것은? 이앙법 …… 127
(57) 조선 후기에 **양반의 수**가 많이 늘어난 이유는? 공명첩 …… 129
(58) **실생활**에 도움 되는 학문인 **실학**과 관련 없는 것은? 실학 …… 131
(59) 외국에서 들어온 **종교**가 아닌 것은? 동학 …… 133
(60) 조선 후기에 나타난 서양의 배 **이양선**의 다른 이름은? 이양선 …… 135
(61) **흥선 대원군**은 왜 다른 나라와 교류하기를 싫어했을까? 통상 수교 거부 정책 …… 137

교과서 개념이 쏙 담긴 개념 연표 139

4장 교과서 속 근대 이야기

- 62 **강화도 조약**에 대한 설명으로 옳지 않은 것을 모두 고르면? 강화도 조약 ……… 141
- 63 우리나라 최초의 신식 군대인 **별기군** 때문에 생긴 문제는? 임오군란 ……… 143
- 64 조선의 급진 개화파가 일으킨 **갑신정변**의 내용으로 틀린 것은? 갑신정변 ……… 145
- 65 조선 후기에 **동학 농민 운동**이 일어난 이유로 틀린 것은? 동학 농민 운동 ……… 147
- 66 **청나라**와 **일본**이 조선 땅에서 전쟁한 이유는? 청일 전쟁 ……… 149
- 67 **갑오개혁**의 내용으로 옳은 것을 모두 고르면? 갑오개혁 ……… 151
- 68 **독립 협회**가 한 일이 아닌 것은? 독립 협회 ……… 153

조선, 대한 제국이 되다 ……… 155

- 69 대한 제국 설립 후, **일본**이 조선에서 **전쟁**을 벌인 상대는? 을사늑약 ……… 157
- 70 **일제**에 맞서 나라를 지키려고 일어난 **애국 계몽 운동**을 모두 고르면? 애국 계몽 운동 ……… 159
- 71 일제 강점기에 조선인이 **조선**에서 **회사**를 차릴 때 **일제**가 추진한 **정책**은? 무단 통치 ……… 161
- 72 **3·1 운동**의 특징을 바르게 설명한 것은? 삼일절 ……… 163
- 73 의열단이 정한 **5파괴**에 해당하지 않는 곳은? 의열단 ……… 165
- 74 3·1 운동 이후 사람들은 어떻게 **독립운동**을 펼쳤을까? 신간회 ……… 167
- 75 항일 운동이 **애국 계몽 운동**에서 **무장 독립운동**으로 바뀐 이유는? 무장 독립운동 ……… 169
- 76 일제가 **민족 말살 정책**을 펼 때 조선 학생의 모습으로 틀린 것은? 민족 말살 정책 ……… 171
- 77 1940년에 대한민국 임시 정부가 만든 **무장 독립군**의 이름은? 한국광복군 ……… 173

참 고마운 독립운동가 175

- 찾아보기 176
- 사진 출처 179

1장
교과서 속 고대 이야기

인류의 여명기는 기록이 남아 있지 않아요. 그때는 어떻게 살았을까요?
선사 시대 우리 조상들은 어떤 모습으로 생활했는지, 그리고
한반도 일대에 등장한 고대 국가는 어떻게 성장했는지 알아보아요.

역사 | 선사 시대 | 구석기 시대 | 신석기 시대 | 청동기 시대 | 단군왕검 | 8조법 | 철기 시대
진대법 | 광개토 대왕릉비 | 살수 대첩 | 근초고왕 | 무령왕릉 | 계백 | 박혁거세 | 이차돈
첨성대 | 태종 무열왕(김춘추) | 골품제 | 김유신 | 화랑도 | 가야 | 원효와 의상 | 신라방
장보고 | 호족 | 발해

역사가 될 수 있는 일은?

1 어제 본 수학 시험에서 90점을 받은 일

2 세종대왕이 1446년에 한글을 반포한 일

3 오늘 아침 도서관에서 책을 읽은 일

4 지난주 금요일 점심 급식으로 카레라이스를 먹은 일

정답 ❷ 1번, 3번, 4번도 과거에 실제로 일어난 일이지만, 2번처럼 의미 있거나 현재까지 큰 영향을 미친 일은 아니기에 역사가 될 수 없어요.

역사

과거에 있었던 일 중에서 의미 있는 사실에 대한 기록

역사란 과거에 실제로 있었던 일, 또는 과거에 일어난 사실에 대한 기록을 말해요. 하지만 과거에 일어난 일이라고 해서 모두 역사가 될 수는 없어요. 하나의 일이 역사가 되려면 의미 있는 사건이어야 하거든요. 우리가 일기를 쓸 때 하루 동안 일어난 모든 일을 기록하는 게 아니라 그날 일어난 일 중에서도 가장 의미 있는 일을 중심으로 쓰는 것과 같아요.

역사는 기록하는 사람의 생각과 해석이 들어가기 마련이에요. 같은 사건이라도 역사를 기록하는 사람의 관점에 따라 다르게 기록되니까요. 예를 들어 우리나라가 일본에 국권을 빼앗긴 사건을 말할 때, 우리는 경술년에 당한 나라의 수치라 해서 '경술국치'라고 해요. 하지만 일본은 한국이랑 일본이 합쳤다 해서 '일한병합'이라고 부르지요. 비록 용어는 다르게 표현할지라도 일본이 조선의 국권을 빼앗았다는 사실만은 변하지 않아요. 그러므로 역사를 기록할 때는 사실을 정확히 기록하는 일이 매우 중요하답니다.

문자가 없던 옛날의 일은 어떻게 알 수 있을까?

1. 직접 만들어 살펴본다.

2. 전해 내려오는 옛이야기를 믿는다.

3. 기록이 없으니 절대 모른다.

4. 유적과 유물로 추측한다.

정답 ❹ 문자가 발명되기 전에는 문자로 된 기록이 남아 있지 않기 때문에 유물과 유적으로 당시 생활 모습을 짐작해요.

선사 시대

사람들이 문자를 사용하기 전의 시대

인류가 문자를 만들어 기록을 남긴 시대를 역사 시대라고 하고, 문자가 발명되기 전의 시대를 선사 시대라고 해요. 즉 선사 시대란 역사를 기록하기 이전의 시대지요. 석기 시대와 청동기 시대를 가리켜요.

인류의 역사에서 문자를 사용하여 기록한 역사 시대는 약 5% 정도예요. 그래서 95%나 차지하는 길고 긴 선사 시대를 단 하나의 시대로 묶어서 말하기에는 다소 무리가 있답니다. 더구나 문자로 된 기록이 남아 있지 않아 나라 이름이나 왕의 이름 등으로 시대를 구분하기도 어려워요. 그래서 선사 시대는 사람들이 도구를 만들 때 어떤 재료를 사용했느냐에 따라 구석기, 신석기, 청동기 시대로 나누어요. 만약 돌로 만든 도구를 사용했다면 석기 시대, 청동으로 만든 도구를 사용했다면 청동기 시대라고 하지요.

옛날 사람들이 어떤 도구를 사용했는지 살펴보면, 당시 생활 모습을 짐작할 수 있기에 선사 시대의 유물과 유적은 역사를 연구하는 데 매우 소중한 자료가 된답니다. 그래서 유물과 유적을 더욱 정밀하게 탐사하고 복원하기 위해 여러 첨단 과학 기술까지 동원하기도 해요.

타임머신을 타고 **구석기 시대**로 간다면 할 수 있는 일은?

1 한곳에 터를 정해 큰 집 짓기

2 남은 음식을 보관할 토기 만들기

3 사냥과 채집으로 식량 구하기

4 실을 뽑아 멋진 옷 만들기

정답 ❸ 구석기 시대 사람들은 동물을 사냥하거나 열매를 채집하여 식량을 얻었어요. 식량이 떨어지면 다른 곳으로 이동했기 때문에 남은 음식을 보관할 필요가 없었답니다.

구석기 시대

인류가 처음 나타난 시기로, 뗀석기를 사용한 시대

선사 시대에서 인류가 처음 도구를 사용하기 시작한 시기를 구석기 시대라고 해요.

구석기 시대에는 돌을 깨뜨리거나 떼어 내서 만든 뗀석기를 사용했어요. 뗀석기는 쓰임에 따라 주먹 도끼, 슴베찌르개, 자르개, 찍개 등으로 나뉘지요. 구석기 시대에는 아직 농사짓는 기술이 없어서 사람들이 동물을 사냥하거나 물고기를 잡고, 열매나 풀을 채집해서 먹고살았어요. 식량이 떨어지면 다른 곳으로 이동해야 하니, 굳이 땅을 파는 노력을 하면서 집을 짓지도 않았어요. 그저 추위나 비를 피할 수 있는 동굴이나 바위 그늘에서 생활했지요. 집을 짓더라도 강가나 들판에 막집(마구 지은 집)을 짓고 살았답니다.

구석기 시대 사람들은 사냥감이 많이 잡히기를 바라는 마음을 담아 동굴 벽에 동물 그림을 그렸어요. 또 다산(아이를 많이 낳음)과 풍요로운 생활을 바라며 가슴과 엉덩이가 풍만한 여인상을 만들었답니다.

한 손에 쥐고 날카롭게 쓸 수 있는 만능 칼
주먹 도끼

뾰족하게 만들어 찌르거나 가를 때 쓰는
슴베찌르개

물건을 자를 때 쓰는
자르개

나무를 자르거나 사냥할 때 쓰는
찍개

돌에서 떼어 냈으니까 뗀석기!

신석기 시대에 살고 있는 아이는?

1. 고슬고슬한 쌀밥을 먹는 쌀밥이

2. 움집을 짓고 정착해서 사는 정착이

3. 힘센 부족장이 된 족장이

4. 돌을 깨어 사용하는 깬돌이

정답 ❷ 신석기 시대 사람들은 잡곡(콩, 조, 피, 수수)등을 재배했어요. 그래서 한곳에 자리를 정하여 머물러 살았답니다.

신석기 시대

석기 시대의 마지막으로 간석기를 도구로 사용한 시대

빙하기가 끝나고 날씨가 따뜻해지자, 인류의 생활이 크게 달라졌어요. 사람들이 처음으로 농사를 짓기 시작했지요. 특히 돌을 갈아서 예리하게 만든 간석기를 사용했는데, 새로운 석기를 사용한 시대라 하여 신석기 시대라고 해요. 대표적인 간석기로는 사냥할 때 사용한 돌화살촉, 낚시할 때 사용한 그물추와 낚싯바늘, 농사지을 때 사용한 돌괭이와 뒤지개, 바느질할 때 사용한 가락바퀴 등 다양했답니다.

신석기 시대 사람들은 처음 짓는 농사다 보니 척박한 환경에서도 잘 자라는 콩, 조, 피, 수수 같은 잡곡 종류를 재배했어요. 생산량이 충분하지 않아 여전히 사냥이나 채집, 낚시로 먹을거리를 구해야 했지만, 더는 이동 생활을 하지 않고 강가나 바닷가에 움집을 지어 정착 생활을 시작했어요. 식량을 보관하고 조리할 수 있는 도구인 토기를 발명했는데, 빗살무늬 토기는 한반도 곳곳에서 발견될 만큼 신석기 시대를 대표하는 유물로 꼽힌답니다.

토기의 아랫부분을 모래에 파묻어 두고 사용했을 것으로 짐작되는 **빗살무늬 토기**

05 퀴즈 난이도 ★☆☆
한국사 기초 개념 잡기

청동기 시대에 볼 수 없는 사람은?

1 청동 검을 들고 싸우는 용사

2 반달 돌칼로 농사짓는 농부

3 청동 거울로 제사 지내는 제사장

4 개인 재산을 쌓아 둔 족장

정답 ❶ 청동 검은 재산이 많고 힘 있는 지배자들만 사용했어요. 일반 사람들은 여전히 간석기를 사용했지요.

청동기 시대

청동을 처음으로 사용한 시대

지금으로부터 3500년 전, 석기 시대가 끝나고 청동기 시대가 시작되었어요. 청동기 시대에는 구리에 아연이나 주석을 섞어 만든 청동기를 사용했지요. 청동기는 만들기 어렵고 재료가 귀해, 주로 지배 계급에서 장신구로 사용했어요. 청동 거울이나 가지 방울 등은 하늘에 제사 지낼 때 썼지요. 일반 사람들은 여전히 돌로 만든 석기를 많이 사용했는데, 신석기 시대에 비해 형태가 훨씬 더 정교하게 발달했어요.

그중 청동기 시대를 대표하는 유물인 **반달 돌칼**은 농사 도구로 매우 편리하게 사용했지요.

청동기 시대는 농사 기술이 발달하여 농사지을 땅도 늘고 식량도 남아돌았어요. 재산이 많은 사람과 없는 사람으로 나뉘며 계급도 생겼지요. 청동기 시대에 계급이 있었다는 사실은 부족장의 무덤인 고인돌을 통해 알 수 있답니다.

고인돌

단군왕검에 대해 바르게 설명한 것은?

1 나라를 1500년간 다스렸다니 신의 핏줄이다.

2 한 사람의 이름이 아니라 고조선 지배자들의 호칭이다.

3 단군 왕이 가지고 다닌 청동 검의 이름이다.

4 '단군'과 '왕검', 두 사람의 이름을 합쳐 부르는 말이다.

정답 ❷ 단군왕검은 고조선을 다스리던 모든 지배자를 부르던 이름이에요.

단군왕검

고조선을 세운 우리 민족의 시조이자 고조선을 다스린 모든 지배자

기원전 2333년, 환인(하늘을 다스리는 환웅의 아들)과 웅녀(곰에서 인간이 된 여자)의 아들 단군왕검이 우리 민족 최초의 국가인 고조선을 세웠어요. 단군왕검이 고조선을 세운 이야기는 고려 시대 때 펴낸 《삼국유사》에 나와 있답니다.

《삼국유사》에 따르면 단군왕검은 1500년간 나라를 다스렸다고 해요. 단군왕검에서 '단군'은 하늘에 제사를 지내는 제사장을, '왕검'은 나라를 다스리는 최고 지배자를 뜻해요. 다시 말해 단군왕검은 제사장과 최고 지배자를 합친 말로, 고조선을 세운 단 한 사람을 의미하는 이름이 아니라 1500년 동안 대를 이어 고조선을 다스린 모든 지배자를 나타내는 이름이에요. 또한 하늘에 제사 지내고 나라를 다스리는 일이 한 사람이었다는 것으로 보아, 고조선 사회가 종교와 정치가 하나인 제정일치 사회였음을 알 수 있지요.

한편 단군왕검이 세운 나라 이름은 원래 고조선이 아니라 조선이었어요. 조선 제1대 왕인 태조 이성계가 세운 조선과 구분하기 위해 후대 사람들이 고조선(오래된 조선)이라 부른 것이랍니다.

07 퀴즈 난이도 ★★★
한국사 기초개념잡기

고조선의 **8조법**에 대해 바르게 말한 사람을 모두 고르면?

> 첫째, 사람을 죽인 자는 사형에 처한다.
> 둘째, 남을 다치게 한 자는 곡식으로 갚는다.
> 셋째, 도둑질을 한 자는 노비로 삼고
>   만약 용서받으려면 돈을 내야 한다.

1 그 당시에도 사람의 생명을 중시했다.

2 농사를 짓는 시대였다.

3 갚을 만한 곡식이 있다니, 개인이 재산을 가질 수 있었다.

4 노비로 삼는다는 걸 보니 계급이 있었다.

25

정답 ①, ②, ③, ④ 고조선은 '홍익인간'이라는 건국 이념에 따라 8조법을 만들어 죄를 지은 사람을 벌했어요.

8조법

고조선에서 만든 8개 조항의 법률로, 우리나라 최초의 법

고조선은 나라가 점차 커지고 사회가 복잡해지자 사회 질서를 유지하기 위해 8조법을 만들었어요. 8조법은 우리나라 최초의 법이에요. 8개 조항 중에서 지금은 3개 조항만 전해 내려오는데, 첫째는 사람을 죽인 자는 사형에 처한다, 둘째는 남을 다치게 한 자는 곡식으로 갚는다, 셋째는 도둑질한 자는 데려다 노비로 삼고 용서받으려면 50만 전의 돈을 내야 한다는 내용이지요. 8조법은 고조선이 어떤 사회였는지 알려 주는 중요한 자료예요. 다른 사람의 생명이나 재산을 빼앗은 사람을 엄벌로 다스린 것을 보아, 고조선은 인간의 생명을 중요하게 생각했다는 것을 알 수 있어요. 또 농경 사회로서 노동력을 중시했고, 개인이 재산을 소유할 수 있었다는 것을 알 수 있지요. 노비가 있는 신분제 사회였으며 화폐를 사용했다는 것도 알 수 있답니다.

08 퀴즈 난이도 ★★☆

한국사 기초개념잡기

철기 시대에 볼 수 있는 것은?

1 철제 농기구

2 날카로운 찍개

3 쉽게 허물 수 있는 움막

4 이제 막 완성한 고인돌

정답 ❶ 철기 시대에는 구하기 쉽고 단단한 철로 만든 도구를 사용했어요. 철제 무기와 철제 농기구를 사용하면서 정복 활동도 활발하게 펼치고, 농업 생산량도 늘어났답니다.

철기 시대

인류가 철기를 도구로 사용한 시대로, 고대 국가가 나타난 시대

철기 시대는 청동기 시대의 뒤를 이은 시기로 철기를 만들어 사용했어요. 우리나라에 철기가 많이 쓰이기 시작한 시기는 기원전 5세기 무렵이랍니다.

청동기 시대를 지나 철기 시대로 접어들면서 도구 만드는 기술이 점차 발전했어요. 철은 재료도 구하기 쉽고 청동기보다 훨씬 단단해 쓸모가 많았지요. 철제 농기구를 사용하면서 농산물의 수확량이 많이 늘어났어요. 생산량이 늘어나자 빈부 격차도 점점 벌어졌어요. 또한 강력한 철제 무기를 이용해 부족 간에 전쟁이 일어나 더 큰 부족이 생겼고, 세력이 큰 부족은 점점 더 넓은 땅을 차지했지요.

철기가 본격적으로 보급되자, 만주와 한반도 일대에는 크고 작은 국가가 등장했어요. 옥저, 동예, 부여, 삼한 등이 철기 문화를 바탕으로 새로 생겨난 나라랍니다.

고구려 고국천왕 때, 굶어 죽는 백성을 위해 시행한 일은?

1 귀족을 소개하여 노비로 살게 했다.

2 나라에서 곡식을 무료로 나누어 주었다.

3 나라에서 곡식을 빌려주었다.

4 군대에 지원하게 했다.

정답 ❸ 고구려 고국천왕은 진대법을 시행했어요. 재난이나 흉년이 들어 먹을 게 없을 때 나라에서 곡식을 빌려주는 제도지요.

진대법

고구려에서 시행한 우리나라 최초의 빈민 구제 제도

진대법은 194년 고구려 제9대 왕인 고국천왕 때 가난한 백성들이 굶어 죽는 걸 막기 위해 봄에 곡식을 빌려주고 가을에 추수해서 갚도록 한, 우리나라 최초의 빈민 구제 제도예요. 진대법은 평민 신분이지만 국상(고구려 초기에 왕 다음으로 가장 높은 벼슬직) 자리까지 오른 을파소가 처음 생각해 냈어요.

당시 고구려는 전쟁과 흉년으로 굶어 죽는 백성이 많았어요. 귀족들은 굶주리는 백성들에게 비싼 이자를 받는 조건으로 곡식을 빌려주고, 가을에 갚지 못하면 노비로 삼았지요. 그러다 보니 귀족들은 날로 힘이 세졌어요. 농사를 지어야 할 농민이 귀족의 노비가 되면서, 세금을 낼 사람도 줄어 나라의 재정에도 문제가 생겼답니다.

을파소는 고국천왕에게 진대법을 건의했어요. 가난한 백성을 살리고, 귀족들의 세력이 커지는 것을 막아 나라의 힘을 키워야 했거든요. 당연히 귀족들의 반대가 심했지만, 고국천왕은 을파소의 의견을 받아들여 진대법을 시행했어요. 진대법 덕분에 백성은 굶주리지 않았고, 노비 될 걱정 없이 농사를 짓게 되었어요. 그러자 고구려의 재정과 왕권도 안정되었답니다.

광개토 대왕릉비에 대한 설명이 아닌 것은?

1. 중국에 있다.

2. 해석할 수 없는 글자가 있다.

무슨 내용인지 모르겠어.

3. 2층 높이보다 높다.

내가 더 높지?

4. 광개토 대왕이 직접 만들었다.

내가 말한 대로 새기거라!

정답 ❹ 광개토 대왕릉비는 광개토 대왕의 아들인 장수왕이 만들었어요.

광개토 대왕릉비

광개토 대왕의 아들 장수왕이 아버지의 업적을 알리려고 세운 비석

광개토 대왕릉비는 고구려 제19대 왕인 광개토 대왕의 업적을 널리 알리려고 장수왕이 414년에 고구려 옛 수도인 국내성에 세운 비석이에요. 높이가 무려 6.39미터, 너비가 약 2미터, 무게가 37톤이나 될 만큼 거대해요. 다른 비석과 달리 비석 모든 면에 광개토 대왕의 업적과 생애를 새겨 놓았지요.

광개토 대왕릉비에는 글자가 훼손되어 판독하기 어려운 부분이 있어요. 그래서 일본은 자기들이 가야와 신라를 다스렸다는 '임나일본부설'을 주장하기도 했어요. 임나는 가야를 뜻하는 말인데 일본이 왜 그런 주장을 했는지 납득하기 어려워요. 당시에 가야와 신라는 철제 무기를 만들 수 있을 만큼 일본보다 제철 기술이 뛰어났고, 가야와 신라 어디에서도 일본 문화의 흔적을 찾을 수 없기 때문이지요. 결국 글자들이 복원되면서 일본의 주장은 거짓으로 드러났답니다.

광개토 대왕릉비

고구려가 **수나라 대군**을 물리치기 위해 내세운 전략 **두 가지**는?

1 수나라 군대가 먹을 만한 식량을 모두 없앴다.

2 뛰어난 협상가를 내세워 땅을 떼어 주고 전쟁을 끝냈다.

3 고구려 안으로 수나라 군대를 유인했다.

4 학익진 전법*을 써서 바다에서 적을 무찔렀다.

*학익진 전법 : 학이 날개를 펴듯이 적을 에워싸고 공격하는 전법

정답 ❶, ❸ 고구려 을지문덕 장군은 적군이 먹을 만한 식량을 모두 없애는가 하면, 적군을 고구려 안으로 유인하는 전술을 펼쳐 수나라 대군을 고구려 땅에서 몰아냈어요.

살수 대첩

고구려가 살수 강에서 중국 수나라 군대를 크게 물리친 싸움

살수 대첩은 고구려가 중국 수나라 30만 대군을 살수강(지금의 청천강)에서 크게 물리쳐 대승을 거둔 싸움을 말해요.

6세기 말에 수나라가 중국을 통일하자, 수나라와 대립하던 고구려는 수나라가 쳐들어올 것을 대비해 요서 지방을 먼저 공격했어요. 그러자 수나라 양제(제2대 황제)는 100만 대군을 이끌고 고구려에 쳐들어왔지요. 요동을 지키던 을지문덕 장군은 적군이 먹을 식량을 모조리 없애 적군을 지치게 만드는 전술을 썼어요. 수나라 대군은 굶주림에 지쳐 더는 버티지 못한 채 요동성을 뒤로하고 수나라로 돌아갔지요.

그러나 수나라 우중문이 30만 대군을 이끌고 고구려의 수도인 평양성을 다시 공격했어요. 을지문덕 장군은 항복하는 척하며 적의 동태를 살폈어요. 적군은 군수 물자도 부족하고 내부 다툼으로 불안해 보였어요. 을지문덕 장군은 또 교묘한 전술을 펼쳐서, 수나라로 돌아가는 30만 대군을 추격해 살수에서 크게 무찔렀지요. 살아 돌아간 적군은 고작 3,000명도 되지 않았답니다.

삼국 중에서 **백제**가 가장 먼저 **전성기**를 이룬 비결은?

1 한강 유역을 가장 먼저 차지해서

2 나라를 가장 먼저 세워서

3 중국이 백제에 선진 문화를 전수해 줘서

4 일본이 도와줘서

정답 ❶ 백제가 한강 유역을 가장 먼저 차지했기 때문이에요. 한강은 교통과 무역의 요충지로 전략을 짜기도 편했고 농사도 잘 되었지요.

근초고왕

4세기 백제의 전성기를 이끈 백제의 왕

고구려에 광개토 대왕이 있다면 백제에는 근초고왕이 있다고 말할 정도로, 백제 제13대 왕인 근초고왕은 백제가 발전하는 데 많은 노력을 기울였어요. 특히 왕의 자리를 형제가 아니라 아들에게 물려주는 '부자 상속제'를 확립했어요. 왕위를 안정적으로 교체해야 왕권을 강화할 수 있다고 생각했거든요. 근초고왕은 백제 역사상 가장 넓은 영토를 차지한 왕이에요. 남쪽으로는 신라와 가야를 정복하고, 북쪽으로는 고구려를 정복했어요. 한반도 내에서 백제의 자리를 굳힌 근초고왕은 바다 건너 중국의 요서 지방과 산둥반도까지 진출해 다른 나라와도 활발하게 교류했지요. 일본의 규슈 지방까지 진출해 무역 활동을 펼쳤는데, 백제의 학자인 아직기와 왕인 등을 일본으로 보내 백제의 문화를 전파했어요. 특히 백제가 일본의 왕에게 하사했다는 칠지도는 근초고왕 때 제작된 칼로, 백제의 뛰어난 제철 기술을 보여 주는 유물이랍니다.

13 퀴즈 난이도 ★★★
한국사 기초 개념 잡기

무령왕릉을 설명한 내용으로 바른 것은?

1 무령왕의 무덤이다.

2 발견 당시 많은 부분이 도굴되었다.

3 우리나라에서 유일한 피라미드 형태의 무덤이다.

4 놀랍게도 무령왕릉에서는 시체가 썩지 않는다.

정답 ❶ 무령왕릉은 백제의 사마왕, 즉 무령왕과 왕비의 무덤이에요. 1971년 충남 공주에서 우연히 발견되었어요.

무령왕릉

백제의 다양한 유물이 발굴된 무령왕과 왕비의 무덤

무령왕릉은 백제 제25대 왕인 무령왕과 왕비의 무덤이에요. 백제의 왕릉 중에서 유일하게 무덤의 주인을 확인한 왕릉이랍니다.

1971년 충남 공주에서 우연히 발견된 무령왕릉은 비교적 처음 모습 그대로 보존하고 있어 역사적으로 가치가 높아요. 백제의 무덤이 대부분 도굴된 것과 달리 무령왕릉은 도굴되지 않아 유물을 온전히 간직하고 있지요.

무령왕릉에 들어가면 무덤의 주인을 알 수 있는 돌판(지석)이 놓여 있고, 돌판 위에는 노잣돈으로 보이는 동전 꾸러미 오수전이 있어요. 돌판 옆에는 왕의 무덤을 지키는 진묘수라는 동물 석상도 있지요.

무령왕릉은 일반 백제 무덤과 달리 벽돌로 층층이 쌓아 만든 무덤이에요. 또한 시신을 담은 관은 금송으로 만들어졌지요. 오랜 시간이 지났는데도 무덤 안에서 잘 보존된 유물들로 당시 백제의 모습을 유추할 수 있답니다.

- 벽돌을 둥근 아치형으로 쌓아 올린 천장
- 무령왕과 왕비를 모신 관
- 무덤을 지킨다는 상상의 동물 진묘수
- 중국의 동전 꾸러미 오수전

나는 누구일까?

정답 ❶ 황산벌에서 백제군 5천 명과 함께 신라에 맞선 백제 장군은 계백이에요.

계백

황산벌 전투에서 나당 연합군에 맞서 싸우다 죽은 백제의 장군

계백은 백제를 공격한 나당(신라와 당나라) 연합군에 맞서 황산벌에서 싸우다 죽음을 맞은 백제의 마지막 장군이에요.

660년에 나당 연합군이 백제로 쳐들어오자, 백제의 마지막 왕인 의자왕은 계백에게 5천 명의 결사대(죽음까지도 각오한 부대)를 내주었어요. 당나라와 연합한 신라군이 5만 대군이었으니, 백제군의 10배나 많은 신라군과 싸우려면 죽기를 각오해야 했어요. 계백은 전쟁터에 나가기 전에 아내와 자식을 죽였어요. 싸움에 지면 적의 노비가 될 일이 죽느니만 못하다고 생각했거든요.

계백은 5천 결사대를 이끌고 황산벌의 험준한 산에서 전략을 세워 신라군을 방어했어요. 죽음을 불사하고 싸운 백제군이 네 차례에 걸친 전투에서 모두 승리하자, 신라군의 사기는 땅에 떨어졌지요. 그러자 16세의 신라 화랑 관창이 임전무퇴의 정신으로 적진에 뛰어들었어요. 관창의 용기에 신라군의 사기는 다시 높아졌고, 신라군의 집중 공세를 막아 내지 못한 계백은 결국 황산벌에서 목숨을 잃고 말았어요. 황산벌 전투에서 패배한 백제는 끝내 무너졌고, 승리한 신라는 삼국 통일의 발판을 마련했답니다.

퀴즈 15
난이도 ★★☆
한국사 기초 개념 잡기

삼국의 건국 신화에는 왜 믿기 어려운 탄생 설화가 많을까?

1 하늘의 선택을 받은 민족임을 강조하려고

2 과거에는 사람이 알에서 태어나기도 해서

3 왕은 신에게 제사를 지내는 사람이라서

4 나라는 아무나 세울 수 있는 게 아니라서

정답 ❶ 하늘의 선택을 받은 사람이 세운 나라면, 그 나라와 민족 역시 하늘의 선택을 받았다는 것을 강조하기 위해서예요.

박혁거세

알에서 태어나 신라를 세운 왕

박혁거세는 신라의 건국 신화에 등장하는 인물로, 알에서 태어나 신라를 세운 왕이에요.

기원전 69년, 옛날 진한(지금의 경주) 땅에 여섯 마을의 촌장들이 왕을 찾아내 나라를 세울 궁리를 했어요. 하루는 우물가에서 하얀 말이 울어 가까이 다가가니, 말은 하늘로 올라가고 커다란 알만 놓여 있었지요. 촌장들이 알에 손을 대자 잘생긴 사내아이가 태어났는데, 바로 이 아이가 신라 최초의 왕이 된 박혁거세랍니다. '박처럼 생긴 알에서 나와 세상을 밝게 한다'는 뜻을 담아 촌장들이 지은 이름이지요.

박혁거세가 태어난 날에 마침 알영도 태어났어요. 알영정이라는 우물가에서 한 여자아이가 닭처럼 생긴 계룡의 겨드랑이에서 태어났는데, 훗날 박혁거세의 부인이 된답니다.

기원전 57년에 박혁거세는 여섯 촌장의 지지를 받으며 여섯 마을을 대표하는 왕이 되었고, 나라 이름을 서라벌(신라의 옛 이름)이라고 정했어요. 신라라는 이름은 6세기 지증왕 때에 사용했답니다.

신라가 **왕권 강화**를 위해 **불교**를 받아들인 이유는?

1 불교의 예술품이 왕실의 위엄을 드높여서

2 공양미가 쌓이면 왕실을 부강하게 만들 수 있어서

3 신분의 구분이 사라져서

4 왕을 신격화할 수 있어서

정답 ❹ 신라는 이차돈의 순교를 계기로 불교를 받아들였어요. 왕은 곧 부처라는 왕즉불 사상까지 굳어져 왕을 신격화하면서 왕권을 강화할 수 있었지요.

이차돈

신라 법흥왕 때 불교 전파를 위해 목숨을 바친 승려

이차돈은 신라 제23대 왕인 법흥왕 때 불교 전파를 위해 목숨을 바친 인물이에요.

신라 법흥왕은 백성을 하나로 모으고, 왕권을 강화하기 위해 불교를 받아들이려고 했어요. 하지만 신하들의 반대에 부딪쳤지요. 당시 신라에는 전통 신앙이 뿌리 깊게 자리 잡혀 불교를 받아들이기가 쉽지 않았어요.

이때 이차돈이 묘안을 생각해 냈어요. 왕이 이차돈에게 절을 지으라고 명했다는 거짓 소문을 퍼뜨린 거예요. 신하들의 항의가 빗발치자, 법흥왕은 이차돈을 불러들여 왕의 명을 어긴 죄로 이차돈의 목을 쳤지요. 사실은 불교를 받아들이려고 이차돈이 목숨을 걸고 내놓은 계책이었답니다.

그런데 이차돈의 목을 치자 흰색 피가 솟구쳐 오르고, 하늘을 덮은 먹구름 사이로 빛이 쏟아지면서 꽃비가 내렸어요. 눈앞에 펼쳐진 놀라운 광경에 귀족과 신하들은 이차돈의 넋을 기리는 절을 짓는 데 동의했지요.

불교를 전하기 위해 목숨을 바친 이차돈 덕분에 신라는 불교를 받아들였고, 법흥왕은 왕권을 강화해 신라를 더욱 발전시켰답니다.

고대 사람들은 왜 **천문학**에 관심이 많았을까?

1 고대에는 별이 너무 많아서

2 딱히 밤에 할 일이 없어서

3 농사짓는 데 날씨가 중요해서

4 별을 보면 미래가 보여서

정답 ❸ 날씨가 좋으면 농사가 잘되어 백성들이 편안했지만, 날씨가 나쁘면 흉년이 들어 살기 어려웠어요. 날씨는 농사짓는 데 매우 중요해서 사람들이 천문학에 관심을 기울였답니다.

첨성대

신라 선덕 여왕 때 만든 천문 관측소

신라 제27대 왕인 선덕 여왕 때 세운 첨성대는 우리나라에서 가장 오래된 천문대예요.

첨성대는 비밀이 많은 건축물이에요. 벽돌 362개를 사용해 27단을 원통 모양으로 쌓아 올렸는데, 362라는 숫자는 음력으로 따진 1년의 날수를 나타내고, 27이라는 숫자는 선덕 여왕이 신라의 27번째 왕이라는 걸 의미해요. 또한 맨 꼭대기에 놓인 우물 정(井)자 모양의 단까지 더하면 모두 28단으로, 28이라는 숫자는 별자리 28수를 의미하지요.

첨성대는 출입문이 따로 없어요. 대신 첨성대 중간 높이에 있는 창문을 기준으로 위아래가 각각 12단으로 나뉘는데, 이때 12라는 숫자는 12개월과 24절기를 나타낸다고 해요.

첨성대는 이름 그대로 하늘의 별을 관측하는 천문대지만, 천문대가 아니라는 주장도 있어요. 선덕 여왕 때 왕실의 권위를 세우기 위해 상징적으로 세운 건물이라는 둥 제사를 지내는 제단이라는 둥 의견이 다양해요. 그러나 《삼국사기》에 첨성대에서 천문을 관측했다고 나와 있고, 첨성대를 완성한 뒤부터 천문 관측 기록이 과거보다 10배 이상 늘었다고 해요.

첨성대

18 퀴즈 난이도 ★★☆
한국사 기초 개념잡기

무열왕이 즉위 전에 "넌 왕이 될 자격이 없어!"라는 말을 들은 이유는?

1 역적의 자식이라서

2 왕이 될 수 없는 핏줄이어서

3 학식이 뛰어나지 않아서

4 인성이 바르지 않아서

> **정답 ❷** 뚜렷한 신분제 사회였던 신라는 성골만이 왕이 될 수 있었어요. 무열왕은 진골 신분이었기 때문에 왕이 될 수 없다는 말을 들었답니다.

태종 무열왕(김춘추)

신라 제29대 왕

태종 무열왕으로 불리는 김춘추는 신라 제29대 왕으로, 신라가 당나라와 연합해 백제를 멸망시킨 뒤 삼국을 통일하는 데 기초를 다진 인물이에요.

642년, 백제 의자왕이 활발한 정복 활동을 펼쳐 40개가 넘는 신라성을 무너뜨렸어요. 김춘추의 사위가 성주(성의 우두머리)로 있던 대야성까지 무너뜨리자, 딸과 사위를 잃은 김춘추는 백제에 복수를 다짐했지요. 처음에는 고구려와 연합을 꾀했다가 거절당하자, 당나라와 손을 잡기로 했어요. 김춘추는 나당 동맹을 바탕으로 660년에 백제를 멸망시키면서 삼국 통일의 기반을 마련했지요. 하지만 신라가 고구려를 누르고 삼국을 통일하는 모습은 보지 못한 채 세상을 떠나고 말았답니다.

원래 김춘추는 왕이 될 수 없는 진골 출신이었어요. 신라 제25대 왕인 진지왕(김춘추의 할아버지)이 폐위되어, 김춘추의 집안은 성골이 아닌 진골 신분이 되었거든요. 하지만 선덕 여왕에 이어 왕위에 오른 진덕 여왕이 자식 없이 죽자, 진골 중에서 새로운 왕을 찾아야 했고, 결국 김춘추가 왕위에 오른 거랍니다.

신라의 **골품제**가 끼친 영향이 아닌 것은?

1 결혼 상대자

2 집의 크기

3 후손의 성별

4 옷차림

정답 ❸ 골품제는 계급에 따라 오를 수 있는 관직뿐만 아니라 결혼 상대자, 집의 크기, 옷차림 등 사람들의 생활 모습까지 결정지었답니다.

골품제

혈통에 따라 계급을 구분한 신라의 신분 제도

골품제는 신라 시대의 신분 제도예요. 신분을 '골'과 '품'으로 나누어, 왕족은 성골과 진골로, 일반 백성은 6두품에서 1두품까지 6개 등급으로 구분했어요. 3두품 이하는 평민이었으나 구분이 뚜렷하지 않았지요.

성골과 진골 모두 왕족이기는 해도 왕이 되려면 부모 모두 성골이어야 했어요. 하지만 성골은 진덕 여왕에서 끊기고, 진골 출신인 김춘추가 무열왕이 된 후부터는 진골이 왕위를 이어갔지요.

일반 백성의 신분인 6두품부터 1두품까지는 신분에 따라 오를 수 있는 관직이 정해졌어요. 능력이 있다 해도 신분이 낮으면 높은 관직에 오를 수 없었지요. 골품제는 왕족이 안전하게 왕위를 잇고 권력을 잡기 위해 만든 제도였기 때문에 중요한 관직은 성골과 진골이 독차지했어요. 더구나 골품제에 따라 집의 크기, 옷차림, 결혼할 사람, 그릇 등 신라 사람들의 생활 곳곳에서 차등을 두어 차별했지요. 결국 6두품 귀족들의 불만은 커질 수밖에 없었고, 신라가 멸망하는 한 요인으로 작용했답니다.

나는 누구일까?

- 나는 금관가야의 왕족 출신이야.
- 계백의 5천 대군을 물리친 건 나야!
- 내 여동생이 김춘추와 결혼했지.
- 김춘추가 무열왕이 되자, 나는 신라 최고 관직에 올랐어.

1. 김춘추 — 잘생겼지?

2. 강감찬 — 용기 하면 나지!

3. 김유신 — 원수를 갚고 말 테다!

4. 이순신 — 나라를 위해 목숨 바치리!

정답 ❸ 계백의 5천 대군을 물리치고 김춘추를 왕위에 오르게 한 인물은 김유신으로, 김유신은 금관가야의 왕족 출신이에요.

김유신

신라가 삼국을 통일하는 데 큰 공을 세운 신라의 장군

김유신은 김춘추와 손잡고 신라가 삼국을 통일하는 데 앞장선 신라 장군이에요. 《삼국유사》에 따르면, 김유신은 북두칠성 무늬를 등에 새기고 태어나 장차 큰 인물이 될 거라는 기대를 받으며 자랐다고 해요. 원래 김유신은 금관가야의 왕족이었지만, 가야가 멸망하면서 신라의 진골이 되었답니다.

김유신은 지략이 뛰어난 김춘추가 왕이 될 인물이라고 생각했어요. 그래서 여동생 문희를 김춘추와 혼인하게 했지요. 진덕 여왕이 세상을 떠나고 마침내 진골 출신의 김춘추가 왕위를 이어받자, 김유신은 신라 최고 관직인 상대등까지 올랐답니다.

660년, 김유신은 김춘추와 함께 당나라와 연합해 백제를 무너뜨렸는데, 이때 황산벌 전투에서 계백의 5천 결사대를 격파하기도 했어요. 또한 김춘추의 아들 문무왕이 왕위를 이어받았을 때도 고구려 정벌에 힘을 보탰어요. 덕분에 신라가 삼국을 통일하여 통일 신라 시대가 열렸답니다.

신라의 **청소년 단체**인 화랑도에서 **화랑**은 무슨 뜻일까?

1 꽃처럼 아름다운 남자

2 불처럼 열정적인 남자

3 군대의 맨 앞에 서는 남자

4 진정한 군인이 되어 가는 남자

정답 ① 화랑의 한자는 꽃 화(花), 사내 랑(郎)을 써서, 꽃처럼 아름다운 남자라는 뜻이에요. 화랑도는 이름에 걸맞게 용모 단정한 귀족 출신의 청년을 뽑았어요.

화랑도

신라의 청소년 수련 단체이자 군사 조직

화랑도는 신라의 청소년 수련 단체예요. 장차 나라를 이끌 인재를 길러 내기 위해 청소년을 체계적으로 교육하는 국가 조직으로, 신라가 삼국을 통일하는 데 크게 기여했지요.

화랑도는 화랑과 낭도로 구성했어요. 화랑은 진골 중에서 특별히 선택된 지도자로, 모든 사람에게 존경받았어요. 화랑 한 명에 소속된 낭도는 수백 명에서 수천 명에 달했는데, 낭도는 귀족이나 평민 누구나 될 수 있었지요.

화랑도는 원광 법사가 만든 '세속 오계'를 반드시 지켜야 했어요. '사군이충, 사친이효, 교우이신, 임전무퇴, 살생유택'이라는 다섯 가지 규율은 화랑의 정신으로써, 훗날 삼국 통일의 원동력이 되었지요. 우리가 알고 있는 김유신, 김춘추, 관창 등도 모두 화랑 출신이랍니다.

세속 오계
사군이충 : 충성으로 임금을 섬겨라.
사친이효 : 효로써 부모를 섬겨라.
교우이신 : 믿음으로써 친구를 사귀어라.
임전무퇴 : 물러남이 없이 싸움에 임해라.
살생유택 : 살생을 가려서 하라.

고구려, 백제, 신라와 공존하던 **가야**를 삼국에서 빼는 이유는?

1 기록이 많이 없어서

2 하나의 국가가 아니라서

3 백제에 속한 지역이라서

4 고구려에 속한 지역이라서

정답 ❷ 삼국 시대에 존재하던 가야는 고구려, 백제, 신라와 달리 강력한 왕권을 확립하지 못했어요. 그래서 하나의 국가로 성장하지 못했지요.

가야

한반도 남쪽, 낙동강 하류 지역에 있던 작은 나라들의 연맹 왕국

고구려, 백제, 신라 삼국이 국가의 모습을 갖출 무렵, 낙동강 하류에 작은 나라들끼리 뭉친 가야가 있었어요. 가야는 강력한 왕의 힘을 바탕으로 통일된 중앙 집권 국가가 아니었답니다.

가야의 건국 신화에 따르면, 하늘에서 내려온 6개 알에서 6명의 사내아이가 태어나 6개 나라를 세웠다고 해요. 그중 가장 먼저 태어난 아이가 금관가야를 세워 왕이 되었는데, 바로 김해 김씨의 시조인 김수로이지요.

가야는 질 좋은 철이 많이 나고, 해상 무역을 하기에 유리했어요. 가야에서 생산되는 철을 다루는 능력도 뛰어났어요. 특히 바닷길을 이용하여 왜, 당 등과 활발히 교역하면서 경제적으로 크게 성장했지요. 또한 토기 제작 기술이 뛰어나 일본의 스에키 토기에도 영향을 끼쳤다고 해요.

하지만 가야는 작은 나라들의 연맹체였을 뿐, 강력한 중앙 집권 국가로 발전하지 못했어요. 결국 562년 멸망하면서 가야의 인재들이 신라로 건너갔지요. 대표적인 인물로 삼국 통일에 큰 공을 세운 김유신과 가야금 연주자 우륵이 있답니다.

원효 대사는 해골 물을 마시고 무엇을 깨달았을까?

1 '모든 것은 마음먹기에 달렸어.'

이건 그냥 물이야!

2 '썩은 물도 분간 못하는 나는 공부나 더 해야 해.'

난 부족해.

3 '해골 물이 이렇게 괜찮다니. 돌아가서 알려야겠어.'

이 물을 마셨는데 괜찮네?!

4 '고인 물은 썩기 마련이군. 더 배우고 겸손해져야겠어.'

항상 겸손하겠습니다.

달라졌는데?

정답 ❶ 원효는 자신이 달게 마신 물이 해골에 고인 물이었음을 알고 나서, 진리는 마음에 달려 있다는 것을 깨달았어요.

원효와 의상

원효 : 불교의 대중화에 힘쓴 통일 신라 승려
의상 : 중국에서 화엄 사상을 들여와 화엄종을 창시한 통일 신라 승려

원효와 의상은 통일 신라 문무왕 때 활동한 승려예요.
원효와 의상이 당나라 유학길에 오른 어느 날, 동굴에서 하룻밤을 묵게 되었어요. 원효는 잠결에 갈증을 느껴 깨어났고, 어둠 속에서 물이 담긴 바가지를 찾아내어 아주 달게 마셨지요. 하지만 다음 날 아침, 밤중에 마신 물이 해골에 고인 썩은 물이었다는 걸 알고 무척 괴로워했어요. 원효는 그제야 모든 일은 마음먹기에 따라 달라진다는 것을 깨닫고 유학을 포기한 채 신라로 돌아왔지요. 의상은 원래 목표대로 유학길을 떠났답니다.
원효와 의상은 둘 다 통일 신라의 불교계를 대표하는 승려지만, 같은 듯 다른 길을 걸었어요. 원효가 일반 백성들에게 불교를 쉽게 알리는 데 힘썼다면, 의상은 당나라에서 공부한 화엄 사상을 전파하는 데 노력했어요. 화엄종을 열고, 나라의 지원을 받아 낙산사와 부석사 등 많은 절을 세웠으며, 수많은 제자를 길러 냈답니다.

신라 사람들을 위해 당나라에 설치한 시설은?

1 신라방

2 포석정

3 안압지

4 청해진

정답 ❶ 신라는 삼국 통일 후에 당나라와 활발하게 무역했어요. 이때 신라 사람들이 당나라 해안 지방에 모여 살면서 마을이 생겼는데, 이 마을이 신라방이에요.

신라방

중국 당나라에 신라 사람들이 모여 살던 마을

신라방은 통일 신라 시대에 중국 당나라와 활발하게 교류하던 신라 사람들이 모여 살던 마을이에요.

통일 신라 시대에 중국 당나라는 세계 최고의 문화 선진국으로, 당시 당나라에는 유학생뿐 아니라 승려, 상인이 많이 드나들었어요. 특히 신라 사람들과 활발하게 무역 활동을 하면서 신라 사람들을 위한 시설이 생겨났지요. 당나라와 신라의 바닷길을 잇는 산둥반도에 설치한 신라방은 신라 사람들의 집단 거주지예요. 신라방을 중심으로 신라 사람들은 해운업과 상업에 종사하며 살았지요.

당나라에 거주하는 신라 사람들이 늘자, 신라 사람들을 다스리기 위해 신라소라는 자치 행정 기관도 생겼어요. 신라 사람들이 불공을 드리기 위해 세운 신라원이라는 절도 있었지요. 또 당나라에 온 신라 사신이 머물던 신라관이라는 여관도 있었답니다.

25 퀴즈

난이도 ★★☆

한국사 기초 개념 잡기

청해진에 대한 설명으로 틀린 것은?

1 장보고가 해적을 없애려고 만들었다.

2 중국과 일본을 연결하는 해상 무역의 요충지다.

3 많은 나라의 상인들이 오가는 무역항이다.

4 장보고가 죽은 뒤에도 해상 무역의 중심지로 남았다.

정답 ❹ 무역이 활발하게 이루어지던 청해진은 장보고가 죽은 뒤에 붕괴되었어요.

장보고

청해진을 세워 해적을 무찌른 장군

장보고는 통일 신라 흥덕왕 때 청해진을 세워 해적을 무찌른 바다의 왕이에요. 청해진은 지금의 완도에 설치한 군사 기지로, 당시 신라와 당나라, 일본을 이어 주는, 군사적으로 중요한 곳이었어요.

장보고는 어려서부터 활을 잘 쏘고 싸움과 수영을 잘했어요. 하지만 낮은 신분 때문에 성공할 길이 막히자 당나라로 떠났지요. 당나라 군사가 되어 이름을 떨치던 장보고는 신라 사람들이 해적에게 붙잡혀 당나라의 노예로 팔리는 모습을 보며 분노했어요.

신라로 돌아온 장보고는 흥덕왕을 찾아가 '군사를 내주면 해적을 토벌하겠다'고 제안했어요. 가뜩이나 해적 때문에 골머리를 썩던 흥덕왕은 장보고의 제안을 받아들였지요.

장보고는 청해에 진을 세우고 해적을 무찔러 바다를 장악했어요. 진은 적군의 침입이나 공격을 막기 위해 세운 군사 기지를 말해요. 장보고는 청해진을 중심으로 당나라와 신라, 일본을 잇는 해상 무역을 주도했어요. 해상 무역의 왕이 된 장보고 덕분에 청해진은 당나라와 동남아시아, 그리고 아라비아로 가는 국제 무역항으로 발전했답니다.

26 퀴즈 난이도 ★★☆
한국사 기초 개념 잡기

통일 신라 말에 나타난 호족을 한자로 바르게 나타낸 것은?

1 虎 범 호, 族 무리 족

"불렀어?"

2 豪 우두머리 호, 族 무리 족

"남자는 힘이지!"

3 狐 여우 호, 族 무리 족

"우리랑 닮았어."

4 好 좋아할 호, 族 무리 족

"인기 있는 사람들 모여!"

정답 ❷ 호족은 통일 신라 말에 등장한 세력으로 경제력과 군사력이 강했어요. '지방에서 우두머리 역할을 하는 무리'를 뜻한답니다.

#

통일 신라 말에 부와 권력을 누린 지방 세력

호족은 통일 신라 말에 나타나 고려 초까지 막강한 부와 권력을 누린 지방 세력으로, 중앙 귀족과 대비되는 개념이에요.

어느 나라나 말기가 되면 국력이 쇠퇴하여 사회가 혼란스러워요. 통일 신라도 예외는 아니었어요. 중앙에선 귀족들이 왕위 다툼을 둘러싸고 반란을 일으키고, 지방에선 중앙의 통제가 약해 농민들이 봉기를 일으켰어요.

이런 틈을 타고 지방의 토착 세력, 고향으로 돌아온 중앙 관리, 지방으로 내려온 6두품, 그리고 해상 세력 등은 호족이 되어 독자적으로 세력을 키워 나갔어요. 촌락에 성을 쌓아 자기 영역을 만들거나 개인 군대를 소유했지요. 장군이라 불리는 호족도 등장했어요.

지방에서 막강한 힘을 키우며 성장한 호족은 통일 신라에 등을 돌렸어요. 그중 견훤은 호남 지방을 중심으로 후백제를 세우고, 궁예는 중부 지방을 차지해 후고구려를 세웠지요. 결국 통일 신라, 후백제, 후고구려가 대립하면서 후삼국 시대가 열렸답니다.

나는 누구일까?

- 나는 당나라에 살던 고구려 유민*이었어.
- 나는 '고왕'이라고도 불려.
- 동모산 일대에서 발해를 건국했어.
- 난 당나라에서 탈출했어. 고구려 유민, 말갈인과 함께 말야.

*유민 : 이리저리 떠돌아다니는 백성

1 주몽

나 주몽이지.

2 대조영

계승자는 나야 나!

3 왕건

이름만 들어도 나인 것 같지!

4 걸사비우

잘 봐! 나라니까!

65

정답 ❷ 고구려 유민으로 고구려를 이어받아 발해를 건국한 인물은 대조영이에요. 발해의 건국으로 남쪽의 통일 신라와 북쪽의 발해가 경쟁하는 남북국 시대가 시작됐어요.

발해

대조영이 고구려 유민과 말갈족을 모아 만주에 세운 나라

발해는 698년에 고구려 유민인 대조영이 말갈족과 힘을 합쳐 고구려 옛 땅에 세운 나라예요.

고구려는 668년에 나당 연합군의 공격으로 무너졌어요. 그러자 고구려 옛 땅을 차지한 당나라는 고구려 유민을 강제로 끌고 가 핍박했지요. 고구려 장군 걸걸중상(대조영의 아버지)과 대조영은 고구려 유민과 탈출해 새로운 나라를 세우기로 결심했어요. 대조영은 함께 탈출한 말갈족과 함께 당나라와 싸웠어요. 전투에서 승리한 대조영은 고구려의 옛 땅인 동모산에 발해를 세웠지요.

대조영은 발해가 고구려를 계승한 나라이므로, 자신 또한 고구려 왕족이 사용하던 성을 붙여 고왕이라 불렀어요. 심지어 문화도 고구려 전통을 물려받았지요. 발해 유적지의 돌사자상이나 돌방무덤, 온돌, 막새기와의 연꽃무늬 등은 고구려 양식을 그대로 이어받았어요.

발해는 9세기 초 선왕 때 해동성국이라 불릴 만큼 번창했으나 9세기 말 거란군에 멸망했답니다.

1장 마무리 교과서 개념이 쏙 담긴
개념 연표

아주 아주 머나먼 옛날부터 한반도에는 여러 나라가 생기고 사라져 왔어요.
원시인의 삶을 살았던 선사 시대부터 고대 국가에 이르기까지, 한눈에 살펴볼까요?

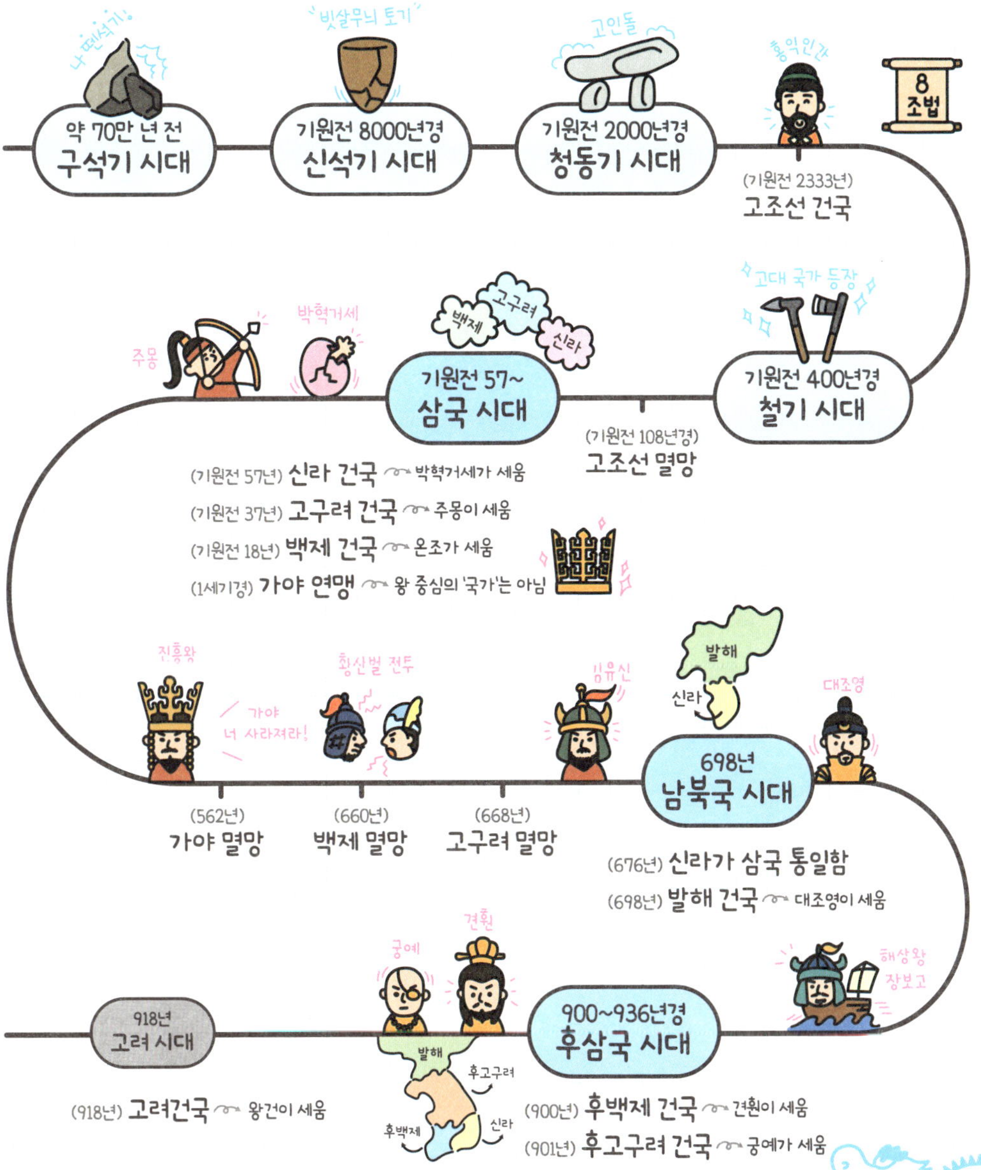

- 약 70만 년 전 **구석기 시대** (뗀석기)
- 기원전 8000년경 **신석기 시대** (빗살무늬 토기)
- 기원전 2000년경 **청동기 시대** (고인돌)
- (기원전 2333년) **고조선 건국** (홍익인간, 8조법)
- 기원전 400년경 **철기 시대** (고대 국가 등장)
- (기원전 108년경) 고조선 멸망
- 기원전 57~ **삼국 시대** (백제, 고구려, 신라)
  - (기원전 57년) **신라 건국** – 박혁거세가 세움
  - (기원전 37년) **고구려 건국** – 주몽이 세움
  - (기원전 18년) **백제 건국** – 온조가 세움
  - (1세기경) **가야 연맹** – 왕 중심의 '국가'는 아님
- (562년) 가야 멸망 (진흥왕 "가야 너 사라져라!")
- (660년) 백제 멸망 (황산벌 전투)
- (668년) 고구려 멸망 (김유신)
- 698년 **남북국 시대** (발해, 신라 / 대조영)
  - (676년) 신라가 삼국 통일함
  - (698년) 발해 건국 – 대조영이 세움
- 900~936년경 **후삼국 시대** (궁예, 견훤 / 발해, 후고구려, 후백제, 신라 / 해상왕 장보고)
  - (900년) 후백제 건국 – 견훤이 세움
  - (901년) 후고구려 건국 – 궁예가 세움
- 918년 **고려 시대**
  - (918년) 고려 건국 – 왕건이 세움

67

2장
교과서 속 중세 이야기

고려를 세우면서 우리나라도 중세 시대로 접어들었어요.
고려 시대를 나타낼 수 있는 단어는 바로 '불교'라고 할 수 있어요.
고려가 어떻게 성장하였는지 함께 알아보아요.

왕건 | 훈요 10조 | 고려 과거제 | 시무 28조 | 팔만대장경 | 서희의 담판 | 벽란도 | 무신 정변
삼별초 | 위화도 회군 | 신진 사대부 | 정몽주

고려를 세운 **왕건**이 부인을 **29명**이나 둔 이유는?

1 지방 호족과 혼인하여 우호 관계를 맺으려고

2 자식 욕심이 많아서

3 꽃미남이라 인기가 많아서

4 돈이 많아서

정답 ❶ 왕건은 막강한 힘을 자랑하는 지방 호족을 자기편으로 만들어 왕권을 강화하려고 호족들의 딸과 결혼했답니다.

왕건

후삼국을 통일해 고려를 세운 고려 제1대 왕

왕건은 918년에 고려를 세우고 후삼국을 통일한 왕이에요. 송악(지금의 개성) 출신의 호족으로, 후고구려를 세운 궁예의 부하였지요.

통일 신라 말, 궁예는 송악에서 나라를 세우고 고구려를 계승하겠다는 의미로 나라 이름을 후고구려라고 지었어요. 하지만 궁예가 나라 이름을 태봉으로 고치고 왕권을 강화하면서 차츰 폭군으로 변해 버렸어요. 참다못한 신하들은 궁예를 내쫓고, 왕건을 왕으로 받들었지요. 왕건은 궁예가 철원으로 옮겼던 수도를 다시 송악으로 옮기고, 고구려의 정신을 이어받고자 나라 이름을 고려라고 정했답니다.

왕건

왕건은 쇠퇴하는 통일 신라를 껴안고, 후백제와는 치열한 전투를 벌였어요. 고려가 고창 전투에서 후백제를 크게 이기자, 왕건은 후삼국의 주도권을 잡았지요. 그러자 통일 신라의 경순왕이 스스로 고려에 항복하고, 후백제도 곧 무너지면서 고려는 936년에 후삼국을 통일했답니다.

왕건이 남긴 훈요 10조는 무엇일까?

1 불교에서 지켜야 할 규칙

2 왕이 지켜야 할 가르침

3 아이들이 부르던 노래

4 부모가 지켜야 할 도리

정답 ❷ 훈요 10조는 나라를 잘 다스리기 위해 왕이 지켜야 할 가르침으로, 왕건이 죽기 전에 유언으로 남겼답니다.

훈요 10조

왕건이 고려 왕조의 정치 이념을 담아 만든 10가지 유언

훈요 10조는 고려 태조 왕건이 죽기 전에 유언으로 남긴 10가지 중요한 가르침이에요. 왕건의 통치 사상과 정책을 살펴볼 수 있는 귀중한 자료지요.

훈요 10조는 고려의 건국 이념인 불교를 중시하고, 선진 문물이라도 중국의 풍습을 일부러 따를 필요는 없으며, 발해를 무너뜨린 거란을 멀리하라는 내용 등을 담고 있어요.

고려를 세운 태조 왕건은 후삼국 통일에 만족하지 않고 고구려의 옛 땅을 되찾기 위해 북진 정책을 펼쳤어요. 훈요 10조에서도 북진 정책의 주요 근거지로 삼았던 서경(지금의 평양)을 중시하고, 거란은 짐승과 같은 나라이니 경계하라고 당부했지요. 그만큼 태조 왕건이 북진 정책에 얼마나 의지가 강했는지 엿볼 수 있어요.

고려 시대에 **과거**를 치르지 않고도 **관직**을 주는 관리 등용 제도는?

1 잡과

손재주만 뛰어나다면!

2 무과

무술 실력만 뛰어나다면!

3 독서삼품과

실력은 시험이 가장 정직해.

4 음서제

조상이 공을 세웠으니~ 나는 낙하산~

정답 ❹ 고려를 세우는 데 공을 세운 호족의 후손은 과거 시험을 보지 않고도 관직에 나갈 수 있는 음서제 혜택을 받았어요.

고려 과거제

출신과 상관없이 시험을 치러 실력으로 관리를 뽑는 제도

고려 초기에는 관리를 뽑을 때 다른 사람의 추천이나 출신 집안이 어디냐에 따라 사람을 등용했어요. 그러다 보니 실력이 있더라도 유명한 호족 집안 출신이 아니면 관직에 진출할 수 없었지요.

958년에 광종은 중국에서 온 쌍기의 권유로 과거제를 실시했어요. 과거제는 신분이나 가문에 상관없이 공정하게 시험을 치러 실력 있는 관리를 뽑는 제도예요. 천인만 아니라면 누구나 응시할 수 있을 뿐 아니라 시험에 통과하면 관리가 될 수 있는 길이 열렸지요.

과거제는 유교적 학식을 갖춘 새로운 인재를 뽑아 왕에게 충성하고, 학문을 발전시키는 효과를 불러일으켰어요. 또한 과거제를 실시하면서 호족들의 정치 기반이 약화하여 자연스레 왕권 강화로 이어졌지요. 하지만 고려를 개국하는 데 큰 공을 세운 호족 세력은 여전히 신분을 이용해 관직에 나갈 수 있는 음서제의 혜택을 받았답니다.

31 퀴즈 난이도 ★★★
한국사 기초 개념잡기

최승로가 쓴 시무 28조에 대해 잘못 말한 것을 고르면?

7조. 지방의 관리를 왕이 임명하여 파견하소서.
9조. 관리의 의복을 정하여 관리들의 사치를 줄이고 위계질서를 세우소서.
13조. 국가의 큰 행사(연등회, 팔관회)는 백성의 부담이 크니 삼가소서.
14조. 왕은 교만하지 말고, 아랫사람을 공손히 대하며 죄지은 자는 법에 따라 처벌하소서.
20조. 불교는 다음 생, 유교는 지금을 위한 것이니 유교에 따라 통치하소서.
22조. 양인과 천인을 뚜렷이 구분하여, 아랫사람이 윗사람을 모욕하지 못하게 하소서.

1 정치사상으로 유교를 강조했다.

2 불교는 과감히 없애 버리려고 했다.

3 중앙 정부의 통제력을 강화하려고 했다.

4 국가 체제 정비에 많은 영향을 주었다.

정답 ❷ 백성에게 부담이 될 만큼 과도한 불교 행사를 비판했을 뿐 불교를 없애려고 한 건 아니에요. 정치 이념으로 유교를 받아들이고, 사회를 운영하고 통합하는 데는 불교를 이용하려고 했어요.

시무 28조

고려 성종에게 최승로가 올린 28가지의 개혁안

시무 28조는 고려 성종 때 최승로가 왕에게 올린 글이에요. 고려의 문제를 해결하기 위해 시급하게 해야 할 개혁안을 28가지로 정리해 올린 정책서로, 28개 조항 가운데 22개만 전하지요.

최승로는 신라 귀족 출신의 유학자예요. 신라가 망하자, 어린 최승로는 아버지를 따라 개경에 들어왔어요. 12세 때 논어를 외울 정도로 똑똑해서, 주위의 기대를 한 몸에 받고 자랐답니다.

최승로는 시무 28조에서 유교 사상을 바탕으로 나라를 다스리자고 했어요. 또 지나친 불교 행사는 삼가야 한다고 했지요. 중국의 문물을 받아들이더라도 중국 문화에 빠져서는 안 되며, 북방의 위협에 대비하자고도 주장했어요. 성종은 시무 28조의 내용을 대부분 받아들여 여러 제도를 정비했어요. 고려가 유교를 중심으로 안정된 국가의 기틀을 갖추는 데 적극 활용했답니다.

고려 시대의 **불교**에 대한 설명으로 바른 것은?

1 예술 분야에는 영향을 끼치지 않았다.

부숴? 말아?

2 경제 활동이 금지되었다.

도로 가져가십시오.

3 외세의 침략을 막아 내는 데 앞장섰다.

나라를 지키는 게 사명!

4 일상생활과는 관계없었다.

누구세요?

정답 ❸ 고려의 불교는 일상생활뿐만 아니라 예술, 건축, 음식, 경제 등 사회 전반에 많은 영향을 끼쳤어요.

팔만대장경

부처의 힘으로 외적을 막아 내기 위해 목판에 새긴 고려의 불교 경전

팔만대장경은 고려를 침입한 몽골군을 부처의 힘으로 몰아내려는 간절한 마음을 담아 목판에 새겨 만든 고려의 불교 경전이에요. 대장경 목판의 수가 팔만 장이 넘는다 하여 팔만대장경이라 불러요.

고려의 불교는 예술, 건축, 음식, 경제 등 고려 사회 전반에 많은 영향을 끼쳤어요. 고려 사람들에게 불교는 떼려야 뗄 수 없는 문화와 같아서, 나라가 힘들 때면 부처의 말씀을 되새기며 민심을 하나로 모았어요.

고려는 거란과 여러 차례 전쟁을 벌였어요. 현종 때 거란이 개경을 점령하자 부처의 힘으로 거란군을 물리치려고 초조대장경을 만들었어요. 하지만 초조대장경은 1232년 몽골군이 침입했을 때 불에 타 없어졌지요. 팔만대장경은 고려가 부처의 힘으로 몽골군을 막아 내겠다는 의지로 초조대장경을 다시 새긴 것으로, 재조대장경이라고도 해요. 1236년부터 1251년까지 약 16년에 걸쳐 완성했지요.

팔만대장경은 유네스코가 지정한 세계기록유산으로, 자랑스러운 우리 문화유산이에요. 강화도 선원사에서 보관하다가 현재 합천 해인사에서 보관하고 있답니다.

33 퀴즈 난이도 ★★☆
한국사 기초 개념 잡기

서희 장군이 거란의 80만 대군을 물리친 비법은?

1 대규모 군대를 이끌고 싸웠다.

2 뛰어난 말솜씨로 담판을 지었다.

3 게릴라 작전을 써서 쫓아냈다.

4 선물을 잔뜩 바쳐서 달랬다.

정답 ❷ 서희는 전쟁을 하지 않고도 뛰어난 말솜씨로 담판을 지어 거란군을 물리쳤어요. 거란이 고려에 쳐들어온 의도를 정확하게 꿰뚫고 있었거든요.

서희의 담판

거란의 제1차 침입 때 고려 장수 서희가 거란 장수 소손녕과 벌인 담판

서희는 고려를 침입한 거란 장수 소손녕과 맞서, 뛰어난 외교 담판을 벌인 고려의 장수예요.

태조가 남긴 훈요 10조에 따라 고려는 거란을 멀리했어요. 993년에 거란이 80만 대군을 이끌고 고려를 침입하자, 고려 조정은 땅을 떼어 주고 거란과 화해하자는 데 의견을 모았어요. 하지만 서희는 거란이 고려를 무너뜨리려고 침입한 게 아니라 고려와 송의 관계를 끊는 데 있다는 것을 알아채고, 거란 장수 소손녕을 만나 외교 담판을 벌였지요.

소손녕은 고려가 신라를 계승한 나라이므로 옛 고구려 땅을 돌려 달라고 했어요. 그러자 서희는 고려야말로 고구려의 후예이고, 발해 역시 마땅히 고려 땅이니 남의 땅을 차지한 건 오히려 거란이라고 반박했어요. 그제야 소손녕은 고려가 바다 건너 송나라와 교역하면서 거란과는 교역하지 않는 이유를 물었어요. 서희는 중간에 여진이 가로막고 있어 교역할 수 없으니, 도리어 거란에게 땅을 돌려 달라고 설득했지요.

서희의 뛰어난 말솜씨 덕분에 고려는 전쟁을 치르지 않고도 거란군을 물리쳤어요. 나아가 압록강 동쪽에 있던 여진을 몰아내고, 강동 6주를 개척해 고려의 영토를 압록강까지 넓혔답니다.

KOREA라는 이름은 어떻게 생겨났을까?

1 '고려'가 '코뤼어'로 알려져서

2 코가 큰 민족으로 알려져서

3 '고구려'가 '코뤼어'로 알려져서

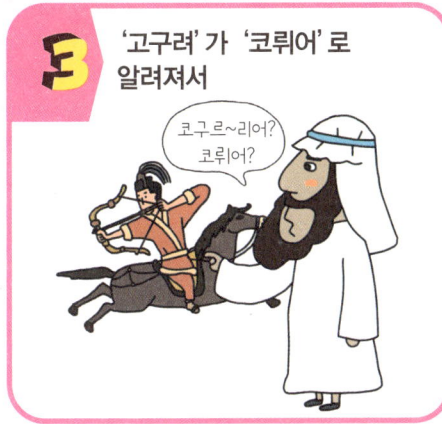

4 초대 대통령이 우리나라 외국 이름을 그렇게 지어서

정답 ❶ 'KOREA'라는 이름을 사용한 시기는 19세기 후반이지만, 서양에 알려진 시기는 고려 때였어요. 고려 무역항인 벽란도에 출입하던 아라비아 상인들이 'Corea(코리아)'로 소개했대요.

벽란도

예성강 하구에 자리한 고려 시대 대표 무역항

벽란도는 고려 때 예성강 하구(강물이 바다로 흘러들어가는 곳)에 자리한 국제 무역항이에요. 벽란도가 자리한 예성강은 큰 배가 자유로이 드나들 수 있어 해상 교통이 발달했어요. 또 고려의 수도인 개경과도 가까워 외교와 무역의 중심지로 자리 잡았지요.

벽란도는 송나라를 비롯해 여진, 왜, 동남아시아는 물론 아라비아의 상인들까지 왕래했어요. 특히 고려를 다녀간 아라비아 상인들이 고려를 '코리아'라는 이름으로 서양에 알렸지요.

고려는 벽란도를 통해 세계 각국의 선진 문물을 받아들이고, 더욱 좋은 상품을 개발해 수준 높은 문화를 이룩했어요. 특히 고려청자는 외국 상인들에게 가장 인기 있는 상품이었지요. 처음에 고려는 송나라에서 도자기를 수입했어요. 하지만 훗날 송나라 도자기를 능가하는 고려청자를 만들어 외국에 수출했답니다.

고려 무신*들은 왜 **무신 정변**이라는 반란을 일으켰을까?

*무신 : 신하 가운데 군사 일을 맡아보는 관리

1 문신들이 자꾸 무시해서

2 자꾸 커지는 힘을 주체하지 못해서

3 다른 나라의 침략이 잦아 지휘권을 가지려고

4 새로운 나라를 세우려고

정답 ❶ 고려는 숭문 천무의 정신에 따라 문신과 무신을 차별 대우했어요. 문신은 무신을 멸시하고 무시했답니다.

무신 정변

고려 의종 때 고려 무신들이 일으킨 난

무신 정변은 고려 의종 때 차별 대우를 받던 무신들이 일으킨 난이에요. 고려는 과거 제도 시행 이후, 무를 천하게 여겨 문신과 무신을 차별 대우하는 숭문 천무 정책을 펼쳤어요. 무신의 관직이 높건 나이가 많건 상관없이 문신들이 무신을 멸시하고 무시하는 경우가 흔했어요. 당시 최고 문신인 김부식의 아들이 무신의 대장인 정중부의 수염을 태웠는데도 김부식이 아들을 나무라기는커녕 오히려 정중부를 꾸짖을 정도였다고 해요. 무신들의 불만은 점점 쌓일 수밖에 없었지요.

1170년 보현원이라는 절에서 무신 정변의 불씨가 되는 사건이 일어났어요. 나이 많은 대장군이 손자뻘 되는 젊은 문신에게 뺨을 맞은 거예요. 결국 화가 폭발한 무신들은 난을 일으켜, 의종을 쫓아내고 정권을 차지했지요.

무신 정변을 계기로 고려 문벌 귀족 정치는 무너지고, 무신들은 100여 년 동안이나 권력을 잡고 고려를 이끌었답니다.

고려 시대 특수 부대로 불린 삼별초가 한 일이 아닌 것은?

1 매일 밤 마을을 순찰했다.

2 도둑을 잡았다.

3 죄인을 잡아 심문했다.

4 몽골과 함께 나라를 지켰다.

정답 ④ 삼별초는 고려를 침략한 몽골에 맞서 싸웠어요.

삼별초

고려 후기 최씨 정권이 만든 특수 부대

삼별초는 고려 후기에 최씨 정권이 만든 특수 부대예요. 원래 삼별초는 무신 정권의 우두머리인 최우가 만든 개인 군사 조직이었어요. 개경에 도둑이 극성을 부리자 자신의 가족들을 호위하려고 만들어 야별초라 했는데, 점점 군사 수가 늘자 좌별초와 우별초로 나누었어요. 뒤이어 몽골에 포로로 잡혔다 돌아온 신의군까지 합쳐 삼별초라 불렀지요.

삼별초는 몽골과 맞서 싸우면서 많은 공을 세웠어요. 하지만 몽골과 끝까지 싸우자고 주장한 최씨 무신 정권이 100년 만에 무너지면서 고려는 몽골과 군신 관계를 맺었어요. 그러자 삼별초를 이끌던 배중손이 반란을 일으켰지요. 임시 도읍이었던 강화도에서 임금을 보호하며 수비를 담당하던 삼별초는 진도로 근거지를 옮겨 몽골에 저항했어요. 항복하지 않고 끝까지 맞서 싸웠지요. 진도에서 배중손이 목숨을 잃자, 제주도로 근거지를 옮기고 다시 김통정을 중심으로 저항했어요. 하지만 고려와 몽골의 연합군이 제주도에 상륙하면서 삼별초는 무너지고 말았답니다.

37 퀴즈 난이도 ★★☆
한국사 기초 개념 잡기

이성계*가 요동* 정벌을 반대한 이유에 해당하지 않는 것은?

*이성계 : 고려의 장수이자 조선의 건국자
*요동 : 중국 랴오허강의 동쪽 지방

1 농사로 일손이 바쁠 때라서

2 명나라와 싸우는 동안 왜가 침략할까 봐

3 장마철에는 활시위가 늘어져서

왜 이리 헐거워?

4 가다 보니 힘들어서

이제 돌아갈래.

정답 ❹ 이성계는 사불가론, 즉 네 가지 이유를 들어 요동 정벌을 반대했어요. 4번은 해당하지 않아요.

위화도 회군

고려 말 요동 지역을 공격하러 간 이성계가 위화도에서 되돌아온 사건

위화도 회군은 고려 말기에 요동 정벌에 나선 이성계가 위화도에서 군사를 데리고 되돌아온 사건을 말해요.

원나라가 멸망하자, 고려와 우호 관계를 이어오던 명나라가 철령 이북 땅을 명나라 땅이라고 주장했어요. 이미 20년 전에 고려 땅이 된 철령 이북을 명나라가 다시 가져가겠다고 하니, 고려 우왕과 최영은 명나라와 싸워 요동을 정벌하자고 나섰지요.

그런데 이성계는 사불가론을 내세우며 요동 정벌을 반대했어요. 사불가론은 '작은 나라가 큰 나라를 칠 수 없다, 농사지을 시기에 군사를 동원하는 건 무리다, 전쟁 중에 일본이 쳐들어올 수 있다, 장마철에는 활시위가 느슨하고 군사들이 전염병에 걸릴 수 있다'는 내용이지요.

하지만 고려는 이성계의 의견을 무시한 채 명나라와 전쟁을 벌였어요. 결국 이성계는 참전했지만, 위화도에서 군사를 돌려 개경으로 돌아왔어요. 위화도 회군을 계기로 이성계는 우왕을 폐위시키고 정권을 장악해 조선을 세웠답니다.

새로운 나라를 건국하기 위해 이성계와 손잡은 세력은?

1. 정권을 잡고 있던 권문세족
   "권력은 이미 우리 손안에!"

2. 새롭게 등장한 신진 사대부
   "권력에 주인이 따로 있나?"

3. 백성들이 믿고 있던 불교 세력
   "나무아미타불 관세음보살~"

4. 반란을 일으키려던 민중들
   "이제는 우리 차례다!"

정답 ❷ 이성계는 성리학을 바탕으로 새로운 사회를 건설하자고 주장하는 신진 사대부와 함께 개혁을 추진했어요.

신진 사대부

고려 말 성리학을 공부한 유학자로, 조선을 건국한 주요 세력

신진 사대부는 고려 말에 권문세족에 대항하며 새롭게 등장한 세력이에요. 주로 과거 시험을 통해 중앙 정계에 진출한 신진 사대부는 성리학을 공부한 유학자로, 유교적 지식과 정치적 실무 능력을 갖추었어요.

신진 사대부는 성리학을 바탕으로 고려 사회를 개혁해야 한다고 주장했어요. 원나라를 등에 업고 권력을 남용하는 권문세족과 부패한 불교를 비판했으며, 공민왕의 개혁 정치(원나라의 간섭을 반대하고 조선의 왕권 강화가 목적인 정치)를 적극 지지했어요. 하지만 신진 사대부는 고려 사회를 개혁하자는 데 뜻을 같이하면서도 개혁 방법에는 차이를 보였어요. 고려 왕조를 유지하며 개혁하기를 주장하는 온건파 세력(이색, 정몽주 등)과 아예 새로운 왕조를 세우자는 급진파 세력(정도전, 조준 등)으로 갈렸지요.

결국 두 세력이 세력 다툼을 벌이다가 온건파가 몰락하자, 이성계와 손을 잡은 급진파는 조선을 건국하는 데 앞장섰답니다.

정몽주가 지은 **단심가**는 어떤 내용일까?

1 우리 모두 화합하여 친하게 지내자.

2 조선을 건국하자.

3 고려 왕조를 지키자.

4 옛 왕조는 칼같이 자르자.

정답 ❸ 〈단심가〉는 고려에 충성하겠다는 정몽주의 단호한 마음을 드러낸 시예요. 정몽주는 고려 왕조를 끝까지 지키고 싶어 했어요.

정몽주

온건파 신진 사대부로서 고려를 지키기 위해 힘쓴 충신

정몽주는 신진 사대부이자 뛰어난 학자로, 고려 왕조를 끝까지 지키려고 노력한 고려의 마지막 충신이에요.

고려 말에 등장한 신진 사대부는 성리학을 공부한 유학자로, 고려의 부패한 사회를 개혁하는 데 뜻을 모았어요. 하지만 개혁 방법이 달라 급진파와 온건파로 나뉘었지요. 급진 개혁파인 정도전은 고려 사회가 개혁만으로 바뀌기는 어려우니, 새로운 나라를 만들자고 주장했어요. 반면에 온건 개혁파인 정몽주는 너무 급격하게 개혁하면 사회가 혼란에 빠지니, 고려 왕조를 지키며 서서히 개혁하자고 했어요. 생각이 다르니, 정도전과 정몽주의 사이는 나빠질 수밖에 없었지요.

정몽주는 당시에 백성의 존경을 받는 충신이었어요. 그래서 정몽주가 반대하는 일을 하기란 결코 쉽지 않았지요. 새로운 나라를 세우려는 급진 개혁파에게 정몽주는 껄끄러운 인물이었어요. 이성계의 아들 이방원이 정몽주에게 〈하여가〉를 들려주며 회유하려 했지만, 정몽주는 〈단심가〉로 답하며 두 왕조를 섬기지 않겠다는 뜻을 굽히지 않았지요. 끝내 정몽주는 이방원의 손에 죽고 말았답니다.

정몽주

2장 마무리 교과서 개념이 쏙 담긴
개념 연표

고려를 살펴볼 때 집권한 세력이 누구인지 살펴보면 고려를 파악하기가 편해요.
활발한 무역 활동을 펼치면서도 여러 민족의 침입을 받았던 고려를 한눈에 살펴볼까요?

 왕건

918년 고려 시대

"고려 시대 시기별 주요 집권 세력"

 호족 고려 건국에 큰 역할을 한 세력.

926년 발해 멸망
936년 신라 멸망
936년 고려의 후삼국 통일

거란 침입
993년 1차 침입 — 서희의 외교 담판. 강동6주
1010년 2차 침입
1018년 3차 침입 — 강감찬 장군이 귀주대첩으로 거란 물리침.

 **문벌 귀족** 여러 대에 걸쳐 중앙 관료를 지낸 세력.

1170년 무신정변

 **무인** 무신정변을 계기로 권력을 잡은 무신 세력.

1231년 몽골(원) 침입

 **권문세족** 몽골(원)을 기반으로 성장한 세력.

1251년 팔만대장경 완성  제발 몽골 좀 내쫓아 주세요!

1270년 삼별초 항쟁  몽골은 물러나라!

 **신진 사대부** 권문세족에 반대하며 새로운 나라를 꿈꾼 세력.

1388년 위화도 회군

1392년 조선 시대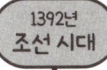

3장

교과서 속 근세 이야기

이성계와 신진 사대부가 손을 잡고 조선을 건국한 이후
우리나라는 근세 시대를 맞이했어요. 조선 시대의 가장 큰 특징은
능력 중심의 관료 사회라는 점이에요. 조선이 어떻게 발전해 왔는지 공부해 보아요.

정도전 | 태종 이방원 | 집현전 | 세종 대왕 | 사육신과 생육신 | 경국대전 | 양반
이황과 이이 | 임진왜란 | 의병 | 광해군의 중립 외교 | 병자호란 | 북벌론 | 붕당 | 탕평책
대동법 | 이앙법 | 공명첩 | 실학 | 동학 | 이양선 | 통상 수교 거부 정책

퀴즈 40
난이도 ★★★
한국사 기초개념잡기

한양 도성에 있는 사대문의 이름과 유교 덕목을 잘못 짝지은 것은?

1 동쪽 흥인지문 – 인(仁)

2 서쪽 돈의문 – 의(義)

3 남쪽 숭례문 – 예(禮)

4 북쪽 숙정문 – 정(正)

정답 ❹ 북쪽 문은 원래 '지혜를 드러내지 않는다'는 뜻의 '숙청문(肅淸門)'이라고 했으나 조선 중종 때에 '청(淸)'을 고요하고 안정되어 있다는 '정(靖)'자로 바꾸어 '숙정문'으로 바뀌었대요.

정도전

급진파 신진 사대부로 조선을 세운 뒤 조선의 기본 체제를 만든 학자

고려의 신진 사대부 정도전은 대표적인 급진 개혁파였어요. 자신의 힘만으로는 개혁에 성공하기 어렵다고 판단하여, 당시 무인 세력인 이성계와 손을 잡고 새로운 나라 조선을 건국하는 데 앞장섰지요.

조선을 건국하는 데 가장 큰 걸림돌이었던 정몽주가 죽자, 정도전과 이성계는 더는 눈치 볼 세력이 없었어요. 정도전은 조선 건국의 일등 공신으로, 왕조의 기틀을 마련하는 데 온 힘을 기울였어요. 우선 과전법을 시행하여 토지 제도를 개혁하고, 부패한 관리와 권문세족을 몰아냈어요. 또한 새로운 도읍이 된 한양 건설의 총책임을 맡아, 경복궁 이름뿐만 아니라 궁궐 안에 있는 주요 건물의 이름도 직접 지을 만큼 애정을 쏟았지요. 조선이 유교 국가가 되길 바라는 마음을 담아 한양 도성에 사대문을 만들어 이름까지 직접 붙였답니다.

하지만 정도전의 꿈은 오래가지 못했어요. 이성계의 아들인 이방원과 왕위 계승을 두고 사이가 갈라지면서 결국 비참한 최후를 맞고 말았답니다.

41 퀴즈

한국사 기초 개념 잡기

난이도 ★★★

태종 이방원이 왕권을 강화하려고 시행한 정책이 아닌 것은?

1 군대 인력을 파악하려고 호패*를 차게 했다.

2 농지의 실제 생산량을 파악하려고 토지를 조사했다.

솔직히 얼마라고?

3 왕을 대신하는 관찰사를 보내 왕의 명령을 전달했다.

지방이 튼튼해야!

4 나랏일은 의정부가 한데 모아 보고하게 했다.

나랏일은 의정부에서 먼저!

*호패 : 조선 시대 신분증

정답 ④ 이방원은 의정부 중심의 보고 체계가 신하들의 힘을 키워 오히려 왕권이 약해진다고 판단했어요. 그래서 왕권 강화를 위해 6조 직계제로 바꾸었어요.

태종 이방원

호패법 시행을 비롯하여 왕권 강화를 위해 노력한 조선 제3대 임금

태종 이방원은 조선 제3대 왕이에요. 태조 이성계의 다섯째 아들로, 이성계를 도와 조선을 건국하는 데 매우 중요한 역할을 했어요. 하지만 정도전을 비롯한 개국 공신들이 왕실의 힘을 견제하고자 이방원이 아닌 다른 아들을 왕세자로 지명하자 불만을 품고, 왕자의 난을 두 차례나 일으킨 끝에 조선의 왕이 되었답니다.

태종은 왕권을 강화하고 나라의 기틀을 다지기 위해 국왕 중심으로 통치 체제를 정비했어요. 나라의 중요 정책을 결정하던 의정부 중심의 업무 체제를 무너뜨리고 6조(오늘날의 각 정부 조직)가 왕에게 직접 보고하는 6조 직계제를 채택했어요. 그리고 전국을 8도로 나누고, 각 지방에 관찰사를 보내 중앙 집권 체제를 확립했어요. 또, 경제 기반을 안정시키고 군사력을 강화하기 위해 양전 사업과 호패법을 시행했으며, 개인이 병사를 거느릴 수 없게 했지요.

호패법	양전 사업	행정 구역 개편
16세 이상 남자에게 호패(신분증)를 발행한 제도	조세 수입원의 집계를 위한 토지 조사 사업 및 제도	행정 구역을 8도로 나누고 관찰사 파견
세금 규모와 군역 대상 예측	**정확한 세금 징수**	**중앙 집권 국가 기틀 마련**

6조 직계제	사병 철폐
6조(오늘날의 각 부처)가 왕에게 직접 보고하는 제도	개인이 군사를 못 거느리게 하는 제도
의정부 권한 약화, 왕권 강화	**왕권 강화**

왕권을 강화하라!

집현전* 학자가 한 일이 아닌 것은?

*집현전 : 조선 세종 때 궁중에 설치한 학문 연구 기관

1 왕의 말을 기록했다.

2 왕세자*를 가르쳤다.

3 다양한 책을 펴냈다.

4 왕과 함께 경서와 사서를 토론했다.

*왕세자 : 임금의 자리를 이을 임금의 아들

정답 ❶ 집현전 학자들은 주로 왕과 함께 경서와 사서를 토론하거나 왕세자 교육, 각종 서적을 편찬했어요. 왕의 말과 행동을 빠짐없이 기록하는 일은 사관이 맡았답니다.

집현전

조선 세종 때 궁중에 설치한 학문 연구 기관

집현전은 '현명하고 어진 학자들이 모인 집'이라는 뜻으로, 학문을 연구하기 위해 궁중에 설치한 기관이에요. 고려 시대 때부터 도서관으로 사용하던 이름이지만, 학문 연구 기관으로 개편해 사용한 것은 조선 세종 때부터랍니다. 집현전은 왕과 신하가 경서와 사서를 읽고 토론하는 경연과 왕세자를 교육하는 서연을 준비하는 일이 가장 중요했어요. 학문 발전에 심혈을 기울였던 세종은 집현전 학자들을 위해 각종 책을 내려서 학자들이 학문 연구에만 전념할 수 있도록 아낌없이 지원했어요. 덕분에 집현전에서 유능한 학자들이 많이 배출되었지요. 또한 세종이 《훈민정음》을 창제하는 일을 도왔으며, 중국이 아닌 우리 실정에 맞는 《팔도지리지》, 《농사직설》, 《고려사》, 《삼강행실도》, 《용비어천가》, 《월인천강지곡》 등 수많은 책을 펴냈답니다.

43 퀴즈

난이도 ★☆☆

한국사 기초 개념 잡기

조선 최고의 **발명왕**이라 칭송받는 장영실이 개발한 발명품은?

1 망원경

2 자격루

3 엽전

4 에밀레종

정답 ❷ 자동으로 시간을 알려 주는 물시계, 자격루는 장영실의 발명품이랍니다.

세종 대왕

조선 제4대 왕으로 백성을 먼저 생각한 임금

세종은 조선 제4대 왕으로, 한평생 백성을 생각했어요.
어려서부터 어질고 총명했던 세종은 아버지 태종이 다져 놓은 조선의 기틀 위에 백성을 위한 정책을 많이 펼쳤어요. 젊은 학자들이 모여 학문을 연구하는 집현전을 개편하고, 백성을 가르치는 바른 소리인 훈민정음을 창제하여 백성이 사람의 도리를 할 수 있도록 했지요.
세종은 신분을 가리지 않고 인재를 등용하기로 유명했어요. 노비 신분이지만 재능이 뛰어난 장영실에게 관직을 주어 백성들의 실생활에 유용한 기구를 만들게 했어요. 세종의 신임에 보답하듯 장영실은 하늘의 움직임을 관측하는 혼천의, 자동으로 북을 울려 시간을 알려 주는 자격루, 해의 움직임에 따라 달라지는 그림자로 시각을 재는 앙부일구, 비의 양을 재는 측우기 등 뛰어난 과학 기구들을 만들어 냈지요.
백성을 생각한 세종 대왕이야말로 백성의 큰 스승이에요. 그래서 오늘날 세종 대왕의 생일인 5월 15일을 스승의 날로 정했답니다.

사육신이 굳이 **단종**을 왕위에 세우려 한 이유는?

1 적장자 계승 원칙에 따라 단종이 왕이니까

2 단종이 나이가 많으니까

3 단종이 똑똑하니까

4 단종이 건강하니까

정답 ❶ 단종은 문종의 아들로 적장자예요. 조카인 단종의 왕위를 뺏고 왕이 된 세조보다 더 정통성을 갖춘 왕이라고 할 수 있어요.

사육신과 생육신

사육신 : 단종을 다시 왕으로 올리려다 처형된 여섯 명의 충신

생육신 : 세조가 단종의 왕위를 빼앗자, 벼슬을 버리고 절개를 지킨 여섯 신하

사육신과 생육신은 조카의 왕위를 빼앗은 세조를 반대하고 단종에게 충절을 지킨 신하들을 말해요.

수양 대군으로 더 잘 알려진 조선 제7대 왕 세조는 세종의 둘째 아들이에요. 세종의 첫째 아들 문종이 워낙 병약해 이른 나이에 죽고, 적장자 계승 원칙에 따라 문종의 아들 단종이 12세에 왕위에 올랐어요. 하지만 권력 욕심이 컸던 수양 대군은 계유정난을 일으켜 어린 조카를 몰아내고 왕이 되었지요.

유교를 중시하는 조선 사회에서 정당한 이유 없이 왕의 자리를 빼앗는 일은 있을 수 없었어요. 그래서 많은 신하가 반대했지요. 특히 성삼문, 박팽년, 이개, 하위지, 유응부, 유성원은 단종을 다시 왕위에 세우려다가 처형되었어요. 목숨까지 잃으면서 단종에게 충성을 다한 6명의 신하를 사육신이라고 불러요. 그리고 벼슬을 버리고 평생 초야에 묻혀 단종에게 절개를 지키며 살았던 김시습, 원호, 이맹전, 조려, 성담수, 남효온을 생육신이라 한답니다.

저희는 통신불사이군입니다.

퀴즈 45

한국사 기초 개념 잡기 · 난이도 ★★★

우리나라 최고 법전으로 평가받는 경국대전의 내용이 아닌 것은?

1 아내가 죽고 3년이 지나야 새로 장가를 갈 수 있다.

2 돌아가신 부모님이 진 빚은 자식이 갚는다.

3 혼인은 20세가 지나야 할 수 있다.

4 노비에게도 출산 휴가를 주어야 한다.

정답 ❸ 조선의 정치, 경제, 사회, 문화의 기본 규범을 담은 법전인 《경국대전》은 남녀의 혼인 나이를 남자는 15세, 여자는 14세 이상으로 규정했어요.

경국대전

조선 시대 나라를 다스리는 기준이 된 법전

《경국대전》은 조선 시대에 나라를 다스리는 기준이 된 법전이에요. 《경제육전》 등 조선 초기부터 전해 오던 법령을 모두 모아 정리한 것으로, 세조 때 만들기 시작해 성종 때 완성했어요.

고려 시대에 따른 중국 법은 우리 실정에 잘 맞지 않았고, 그렇다고 관습법을 따르자니 그때그때 달라 문제가 생겼어요. 그래서 조선 시대에는 나라를 다스리는 기준이 되는 법전이 반드시 필요했지요.

조선 최고의 법전이라 평가받는 《경국대전》은 조선이 유교적 법치 국가의 기틀을 마련하고, 사회 질서를 유지하는 데 중요한 역할을 했어요. 고려 시대의 법이 주로 죄인을 처벌하는 내용이었다면, 《경국대전》은 조선의 정치 이념인 유교 이념을 바탕으로 정치, 경제, 문화, 사회에 필요한 기본 규범을 담은 종합 법전이었지요. 백성들이 땅이나 집을 사고팔 때, 혹은 상속이나 혼인하는 일 등도 모두 《경국대전》에 따랐답니다.

46 퀴즈

난이도 ★☆☆

한국사 기초 개념 잡기

조선 시대 **양반**에 대한 설명으로 옳지 않은 것은?

1 군역을 면제받았다.

2 족보로 신분을 증명했다.

3 나라에서 토지를 주었다.

4 과거 시험 없이도 나라에서 관직을 주었다.

정답 ❹ 양반이라 해도 과거에 합격하지 못하면 높은 관리가 되기 어려웠답니다.

양반

고려와 조선 시대에 지배층을 이루던 신분

조선 시대에는 임금이 관리들을 모아 놓고 조회를 할 때 문관은 동쪽, 무관은 서쪽에 섰어요. 그래서 문관을 동반, 무관을 서반이라고 불렀지요. 원래 양반이라는 말은 문관과 무관, 즉 동반과 서반을 합쳐 부르는 말이었으나 점차 문관과 무관의 가족이나 후손 등 지배 신분 계급을 가리키는 말로 바뀌었답니다.

조선 시대의 신분은 크게 양인과 천민으로 나뉘고, 양인은 다시 양반, 중인, 상민으로 나뉘었어요. 가장 높은 신분인 양반은 과거 시험을 통해 관직에 나가 직접 정치에 참여했으며, 넓은 토지와 노비도 소유했지요. 남자는 주로 글공부하여 관리가 되었고, 여자는 집안 살림을 맡아 자녀를 교육했어요. 양반은 무엇보다 관직에 오르는 일이 가장 큰 목표였는데, 3년에 1번 치르는 과거 시험에서 합격하기란 그야말로 하늘의 별 따기만큼 어려웠답니다.

지폐 속 인물은 누구일까?

1. 정도전
"나 맞는 거 같아."

2. 이황
"내 그림 언제 쓴 거시?"

3. 이이
"천 원짜리라니 아쉽군."

4. 정약용
"아무리 봐도 나랑 똑같네."

정답 ❷ 1000원권 지폐의 모델은 퇴계 이황이에요.

이황과 이이

이황 : 조선을 대표하는 성리학자, 호는 퇴계
이이 : 조선을 대표하는 성리학자, 호는 율곡

이황과 이이는 둘 다 조선을 대표하는 성리학자예요. 성리학은 중국 송나라 때 주희(주자)가 체계를 세운 유교 철학으로, 조선 시대 모든 분야의 근간이 되었어요. 우리나라에서 성리학을 연구한 대표적인 학자를 둘 꼽으라면 단연 이황과 이이를 들 수 있지요. 둘 다 중국의 학문을 그대로 따르기보다는, 우리 실정에 맞게 연구하고 적용하며 성리학을 발전시켰어요. 이황이 학문에 몰두하며 제자를 길러 내는 데 힘을 썼다면, 이이는 백성들이 더 나은 삶을 살도록 현실 정치에 참여하며 실리를 추구했답니다.

퇴계 이황	율곡 이이
– 조선의 성리학을 하나로 체계화 – 도산 서당에서 제자 양성을 위해 힘씀 – 예안향약으로 향촌의 풍속을 아름답게 함 – 《성학십도》, 《주자서절요》 등 집필	– 현실 정치에 참여하여 다양한 개혁 추진 – 성리학의 근본적 원리를 종합적으로 통찰함 – 왜의 침입에 대비하여 10만 양병설 주장함 – 《격몽요결》, 《성학집요》 등 집필

퀴즈 48

한국사 기초 개념 잡기
난이도 ★★☆

임진왜란을 부르는 또 다른 이름은?

1 7년 동안 일어났다 해서 '7년 전쟁'

또 오냐? 지겹지도 않냐?

2 일본이 도자기를 많이 훔쳐서 '도자기 전쟁'

아이 러브 도자기!

3 우리 문화재를 도둑맞아서 '도둑 전쟁'

좋은 게 너무 많다!

4 명나라로 가는 길 때문에 일어나서 '길 전쟁'

좀 비켜 봐!

> 정답 ❷ 임진왜란 때 일본은 조선의 도자기를 약탈하고 도공을 끌고 갔어요. 도자기 만드는 기술이 부족해서 우리나라처럼 아름다운 청자나 백자를 만들 수 없었거든요.

임진왜란

일본이 두 차례에 걸쳐 조선을 침략해 일어난 전쟁

임진왜란은 1592년부터 1598년까지 7년 동안 일본이 조선을 두 차례에 걸쳐 침략해 일어난 전쟁이에요. 1592년 임진년에 1차 침략한 것을 '임진왜란'이라 부르고, 1597년 정유년에 2차 침략한 것을 '정유재란'이라고 불러요. 보통 임진왜란이라고 하면 정유재란까지 포함해요.

임진왜란이 일어나기 전, 일본은 100여 년간 지방 세력인 영주들끼리 전쟁을 벌이느라 혼란스러웠어요. 1590년에 일본을 통일하고 최고 권력자가 된 도요토미 히데요시는 지방 세력들의 관심을 돌리려고 전쟁을 시작했어요. 1592년 일본은 군사를 이끌고 조선을 침략했지요.

당시 조선은 붕당들이 서로 권력을 차지하려 싸우던 시기였어요. 나라를 지킬 준비를 하지 않은 조선은 큰 국난에 빠졌어요. 심지어 당시 왕이었던 선조는 궁을 버리고 도망갔어요. 7년 동안 벌어진 전쟁으로 백성의 삶은 힘들어졌고, 국토는 초토화되었어요. 바닥난 나라 재정을 메우기 위해 관직을 파는 공명첩이 남발하면서 신분 제도가 흔들리는 등 조선 사회는 새로운 국면을 맞았답니다.

49 퀴즈 난이도 ★☆☆

한국사 기초 개념 잡기

임진왜란 3대 대첩에 해당하지 않는 것은?

1 이순신 장군의 한산도 대첩

2 권율 장군의 행주 대첩

3 강감찬 장군의 귀주 대첩

4 김시민 장군의 진주성 대첩

정답 ❸ 임진왜란 때 왜적을 크게 무찌른 세 번의 싸움을 3대 대첩이라고 해요. 한산도 대첩, 진주 대첩, 행주 대첩을 꼽아요.

의병

백성들이 외적의 침입에 맞서기 위해 스스로 조직한 군대

의병은 외적이 침입할 때 맞서 싸우기 위해 백성들이 스스로 조직한 군대나 병사를 말해요. 나라가 위기를 겪을 때마다 힘을 모아 나라를 지켰어요.

임진왜란 당시에도 전국 곳곳에서 수많은 의병이 일어났어요. 양반부터 상민, 천민, 승려까지 신분을 가리지 않고 너도나도 나라를 구하려고 나섰어요. 진주성과 행주산성에서 전투가 일어났을 때는 관군과 협력하여 승리하기도 했지요.

곽재우는 임진왜란 당시 가장 먼저 의병을 일으켰어요. 전투를 치를 때마다 붉은 옷을 입고 싸워 '홍의 장군'이라 불렸어요. 특히 자신과 같은 붉은 옷을 여러 의병에게도 입혀, 여러 곳에서 한꺼번에 나타나 의병의 수가 많은 것처럼 적을 속여 혼란에 빠뜨렸다고 해요.

의병의 활약으로 왜군은 기세가 꺾였고, 이순신과 권율이 이끄는 관군의 기세는 높아져 조선은 위기를 극복할 수 있었답니다.

임진왜란 이후 명과 후금 사이에서 광해군이 한 일은?

- 임진왜란 때 명나라가 조선을 도왔어요.
- 명나라 옆 후금이 강력한 세력으로 성장했어요.
- 명나라와 후금이 전쟁의 위기에 놓였어요.
- 명나라가 조선에 전쟁에 필요한 군사를 보내라고 했어요.
- 당시 조선은 임진왜란 직후라 온 나라가 피폐해서, 전쟁을 피해야 하는 상황이었어요.

1 아버지 선조에게 모든 결정권을 넘겼다.

2 명나라 편을 들며 끝까지 전쟁을 치렀다.

3 명나라와 후금 사이에서 중립 외교를 펼쳤다.

4 후금 편을 들며 끝까지 전쟁을 치렀다.

정답 ❸ 광해군은 명나라 편에서 전쟁하는 척하다가, 적당한 때에 후금에 항복하는 중립 외교를 펼쳤어요.

광해군의 중립 외교

명과 후금 사이에서 중립을 지켜 실리를 추구한 외교

광해군은 선조의 둘째 아들로, 조선 제15대 왕이에요.
임진왜란이 일어나자 선조는 성을 버리고 도망쳤어요. 대신 광해군이 전쟁으로 피폐한 조선을 수습하고자 제도를 정비하고 국방에 힘썼지요. 당시 이웃 나라 중국은 큰 변화를 맞았어요. 조선과 군신(군사와 신하) 관계였던 명나라 세력이 약해지고, 오랑캐라 여긴 여진족이 '후금'이라는 나라를 세워 세력을 키웠어요. 후금이 명나라에 도전장을 내밀자, 명나라가 조선에 군사를 보내라고 요청했어요. 조선은 명나라의 요구를 순순히 들어줄 수도, 강력한 후금을 마냥 모른 척할 수도 없어 난감했지요.

광해군은 강홍립 장군에게 명나라 편에서 전쟁하는 척하다가 적당한 때에 후금에 항복하여 우리 군사를 살려 오라고 명령했어요. 명과 후금 사이에서 어느 편에도 들지 않고 중간을 지켜 조선에 실리를 추구하는 중립 외교를 펼친 거예요. 광해군의 중립 외교 덕분에 조선은 전쟁에 휘말리지 않았답니다. 하지만 조선의 사대부들은 군신 관계인 명나라를 배반했다며 분노했어요. 결국 광해군을 몰아내고 반란을 일으켰답니다.

51 퀴즈 난이도 ★★☆
한국사 기초 개념 잡기

후금이 조선을 침공한 이유는?

1 일본 침공을 위한 길로 사용하려고

2 조선의 도자기를 얻으려고

3 조선이 후금을 따돌리고, 명과 친하게 지내서

4 힘이 강한 조선이 후금을 자꾸 위협해서

정답 ❸ 인조가 정권을 잡은 후에는 후금을 배척했어요. 그래서 화가 난 후금이 조선을 침공했답니다.

병자호란

병자년에 청나라(후금)가 조선을 침략해 일어난 전쟁

병자호란은 1636년 병자년에 오랑캐가 일으킨 전쟁이란 뜻으로, 청나라가 조선을 침입한 사건을 말해요. 청나라는 조선을 2차례 침입했는데, 병자호란은 2번째 침입을 가리켜요.

조선 제16대 왕 인조는 1623년 인조반정으로 왕위에 올랐어요. 인조는 명나라를 받들고 후금을 멀리하는 친명 배금 정책을 폈어요. 그러자 조선을 그대로 두고 볼 수 없던 후금은 1627년 전쟁을 일으켰어요. 바로 정묘호란이에요. 후금은 조선과 형제 관계를 약속하고 물러갔지요.

정묘호란 후 후금은 세력이 더욱 커졌어요. 나라 이름을 후금에서 청으로 바꾸고, 조선에 군신 관계를 요구했어요. 조선이 거부하자, 1636년에 청나라는 다시 조선을 침입했어요. 이것이 바로 병자호란이에요.

인조는 한양을 내주고 남한산성에 피신했지만 오래 버틸 수는 없었어요. 결국 막강한 청나라에 항복하고 말았지요. 이후 청나라와 군신 관계를 맺고, 많은 조선 사람이 청나라에 인질로 잡혀갔답니다.

퀴즈 52

난이도 ★★☆

한국사 기초 개념 잡기

병자호란 이후 효종*은 어떤 외교를 펼쳤을까?

*효종 : 청나라에 볼모로 끌려갔다 돌아와 왕이 된 조선 제17대 왕

1 청나라와 다시는 전쟁하지 않았다.

2 청나라에 많은 공물을 바치면서 참았다.

3 치욕을 갚기 위해 전쟁을 준비했다.

4 외부와 관계를 차단했다.

> **정답 ❸** 병자호란 이후 효종은 청나라에 볼모로 끌려갔다가 돌아왔어요. 효종은 그때 당한 굴욕을 씻기 위해 전쟁을 준비했지요.

북벌론

병자호란의 치욕을 갚기 위해 청나라를 정벌하자고 내세운 주장

북벌론은 효종이 병자호란의 치욕을 갚기 위해 청나라를 정벌하고 명나라에 은혜를 갚겠다는 주장이에요.

병자호란 이후 청나라는 인조의 두 아들인 소현 세자와 봉림 대군을 8년 동안이나 볼모로 잡아 두었어요. 둘은 똑같이 청나라에서 볼모 생활을 했지만 현실을 바라보는 인식은 서로 달랐어요. 소현 세자는 청나라의 발달 문물을 배워야 한다면서 원만한 관계를 유지하려고 노력했지만 봉림 대군은 청나라에 대한 복수심을 차곡차곡 쌓았지요.

소현 세자가 조선에 돌아와 갑작스럽게 죽자, 봉림 대군은 소현 세자의 아들을 제치고 왕위에 올라 조선 제17대 왕 효종이 되었어요. 효종은 병자호란의 치욕을 겪은 후 청나라에 볼모로 잡혀가 당한 굴욕을 갚고, 명나라에 은혜를 갚고자 북벌론을 주장했어요. 이때 송시열, 송준길 등의 지지로 군사력을 강화하였고, 제주도에 표류한 네덜란드인 하멜 일행에게 신무기를 만들도록 했지요. 하지만 청나라가 명나라를 무너뜨리며 중국을 통일하고, 효종 역시 갑작스럽게 죽으면서 북벌론은 계획대로 실행되지 못했답니다.

조선 시대에 만든 당파 집단으로 현대 정치의 정당과 비슷한 것은?

1 붕당

우린 서로 다르지요.

2 무당

나 아니야?

3 서원

공자 왈~ 맹자 왈~

4 집현전

정답 ❶ 현대 정치에서 정치권력을 잡으려고 뜻을 같이하는 사람끼리 모인 집단을 정당이라고 하는데, 조선 시대의 붕당과 비슷하답니다.

붕당

조선 중기에 정치적·학문적 입장을 같이하는 사람들이 모여 만든 정치 집단

조선 초기에 권력을 장악하던 훈구파에 대항해 조선 중기에 사림파가 주요 관직을 차지했어요. 사림파는 조선 건국에 참여하지 않고 향촌에서 성리학을 바탕으로 학문을 연구하던 양반 지배층이었어요. 하지만 같은 사림파 내에서도 서로 의견이 갈렸어요. 정치나 학문의 방향이 같거나 스승이 같은 사람끼리 모여 붕당을 만들었거든요.

선조 때 붕당은 이황의 사상을 따르는 동인과 이이를 지지하는 서인으로 나뉘었어요. 그러다 다시 북인과 남인, 노론과 소론으로 나뉘어 서로 엎치락뒤치락하며 권력을 장악했어요. 관직은 한정되어 있는데 자격을 갖춘 인재는 많았기 때문에 붕당 간에 자리다툼이 잦을 수밖에 없었어요. 처음에는 서로 견제하고 비판하며 바른 정치를 펼치고자 했지만, 시간이 흐를수록 정치 싸움으로 번졌지요.

붕당 정치는 자기 당의 이익만 추구하느라 나라가 단결하지 못했다는 비판을 받아요. 하지만 붕당이 서로 비판하고 견제한 덕분에 학문을 폭넓게 연구할 수 있었고, 관직에 나가지 못한 지방 양반도 정치에 참여해 다양한 의견을 펼칠 수 있었답니다.

54 퀴즈 난이도 ★★☆
한국사 기초 개념 잡기

영조가 붕당의 화해를 바라며 선보인 음식 이름은?

1 탕수육

살살 녹는 탕수육~

2 탕평채

갖은 채소를 섞은 탕평채~

3 녹두전

노릇노릇 고소한 녹두전~

4 두부전

영양가 높은 두부전~

정답 ❷ 영조는 여러 당파가 서로 힘을 합치라는 뜻을 담아 탕평채를 만들었어요.

탕평책

영조 때 붕당 간 균형을 위해 인재를 골고루 등용한 정책

조선 중기에 시작한 붕당 정치는 조선 후기에 접어들면서 정치 싸움으로 번졌어요. 동인과 서인에서 시작해 남인과 북인, 노론과 소론으로 나뉘며 대립했지요. 그러다 숙종 때 극에 달해, 권력을 잡은 편이 다른 편을 모조리 죽이는 참혹한 상황까지 다다랐어요.

영조는 나라 발전에 해가 되는 붕당 정치의 폐해를 해결하고자 붕당과 상관없이 인재를 고루 뽑아서 등용하는 탕평책을 펼쳤어요. 한 붕당에 치우치지 않고 공평하게 인재를 등용했기 때문에 개혁 정치를 꾀할 수 있었지요.

탕평책을 널리 알리기 위해 영조는 탕평비를 세우고, 나라에 행사가 있을 때마다 탕평채를 선보였어요. 탕평채는 정치에 치우침이 없기를 바라는 마음을 담아 청포묵(서인)과 고기(남인), 미나리(동인), 김(북인) 등을 섞어 만든 요리이지요. 탕평책은 영조의 뒤를 이어 정조 때까지 이어졌답니다.

55 퀴즈

한국사 기초 개념 잡기

난이도 ★★☆

조선 시대 백성이 내던 세금이 아닌 것은?

1 토지에 매기는 전세

2 부역과 군역

3 소유한 집에 부과하는 재산세

4 지역 특산물을 바치는 공납

정답 ❸ 조선 시대의 평민은 전세, 역 그리고 공납을 낼 의무가 있었어요. 3가지 세금 가운데 공납이 조선 시대 평민들을 가장 힘들게 했다고 해요.

대동법

특산물로 내던 공납을 쌀로 내는 조세 제도

조선 전기에 백성들은 세 가지 세금을 냈어요. 토지 면적을 기준으로 농업 생산물에 매기는 전세, 부역과 군에 동원되는 역, 그리고 지역 특산물을 바치는 공납이지요.

백성들을 가장 힘들게 하는 세금은 공납이었어요. 돈이 많든 적든 누구나 지역의 특산물을 내야 했어요. 전쟁이 나거나 흉년이 들어도 반드시 바쳐야 했으니, 공납을 내지 못해 이웃이나 친척에게 미루고 도망가는 사람까지 생겨났어요. 다른 특산물로 대체할 수도 없어서 특산물을 대신 내주는 중간 상인에게 수십 배나 비싼 값에 사기도 했어요.

공납의 폐단을 해결하고자 실시한 제도가 바로 대동법이에요. 대동법은 특산물로 내던 공납을 토지 면적에 따라 쌀로 내는 조세 제도예요. 토지가 없으면 아예 내지 않아도 되었지요. 대동법 덕분에 백성들은 조세 부담을 덜 수 있었답니다.

조선 시대 **이앙법**을 설명한 내용으로 틀린 것은?

1 이앙법은 모내기법이다.

2 1년에 벼농사를 두 번 지을 수 있다.

3 같은 땅에 농사를 두 번 지을 수 있다.

4 물이 부족하면 사용할 수 없다.

정답 ❷ 벼농사는 초여름부터 가을까지 한 번 지을 수 있어요. 가을부터 초여름까지는 밀 농사를 짓기 때문이에요.

이양법

모판에 볍씨를 심어 싹을 틔운 뒤에 논에다 옮겨 심는 방법

이양법은 벼농사를 지을 때 모판에 볍씨를 심어 싹을 틔운 후 논에다 옮겨 심는 방법이에요. 모내기법이라고도 하지요.

이양법은 고려 시대부터 시행된 농사 방법이지만, 물을 많이 사용한다는 단점 때문에 관개 시설(논밭에 물을 대고 빼는 시설)이 부족했던 조선 초기에는 나라에서 금지했어요. 가뭄이 들면 1년 농사를 포기할 수도 있기 때문이에요.

하지만 이양법은 1년 동안 같은 땅에 농사를 두 번 지을 수 있었어요. 초여름부터 가을까지는 벼농사를 짓고, 가을부터 초여름까지는 밀 농사를 지을 수 있었거든요. 또한 모를 옮겨 심을 때 열을 맞춰 심기 때문에 잡초를 솎아 내는 일손도 덜 수 있는데다 건강한 모만 옮겨 심으니, 논에 볍씨를 뿌리는 직파법에 비해 수확량도 훨씬 많았지요.

조선 후기에는 저수지나 보 같은 관개 시설이 발달해 이양법이 전국으로 확산했어요. 다양한 농사 기술도 개발되어 농업 생산량이 늘어났고, 한 사람이 경작해야 하는 땅의 면적도 늘어 부농(수입이 많은 농민)이 등장했답니다.

조선 후기에 **양반의 수가** 많이 늘어난 이유는?

1 돈 많은 사람들이 양반의 족보를 사서

2 양반들이 자식을 많이 낳아서

3 나라에 역병이 들어서

4 돈 많은 농민들이 과거에 급제해서

정답 ❶ 조선 후기에는 신분 질서가 흔들리기 시작했어요. 부를 쌓은 사람들이 돈을 주고 양반 신분을 살 수 있었거든요.

공명첩

돈 주고 양반 신분을 살 수 있는 명예 관직 임명장

임진왜란과 병자호란으로 나라 재정이 어려워지자, 나라에서는 부족한 재정을 확보하려고 공명첩을 팔았어요. 공명첩은 이름 적는 곳을 비워 둔 문서라는 뜻으로, 일정한 돈이나 쌀을 낸 사람에게 주는 관직 임명장이에요. 공명첩을 사면 명예직으로 양반 행세를 할 수 있었지요.

조선 시대는 상민들이 길에서 양반을 마주치면 길옆으로 비켜나 고개를 조아리고 인사를 해야 할 정도로 신분 제도가 엄격했어요. 그러다 보니 부를 쌓은 농민과 상인들은 서슴없이 공명첩을 사거나 가난한 양반의 족보를 사서 양반이 되었어요. 양반이 되면 세금을 내지 않아도 되고, 이름뿐인 명예직이지만 같은 양반이니 눈치 볼 필요도 없으니까요. 결국 조선 후기에 양반의 수가 급격히 늘고 상민의 수가 줄면서 신분 제도에 변화가 생겼답니다.

공명첩

58 퀴즈 난이도 ★★☆
한국사 기초 개념 잡기

실생활에 도움 되는 학문인 실학과 관련 없는 것은?

1 상공업을 중시하는 중상학파

2 농업을 중시하는 중농학파

3 청나라의 우수한 문물을 수용하자는 북학파

4 인간의 본성을 탐구하는 성리학

정답 ❹ 대의명분에 치우쳐 백성들의 삶을 외면한 성리학은 실생활에 도움을 주지 못했어요.

실학

조선 후기에 실생활에 도움 주기 위해 등장한 학문

실학은 조선 후기에 백성의 생활에 실제로 도움 되는 학문이 필요하다는 반성에서 등장한 학문이에요. 조선 후기 임진왜란과 병자호란을 겪으면서 백성들의 삶은 더욱 고달팠어요. 조선 건국의 근본이념으로 삼은 성리학은 대의명분(사람이 마땅히 지켜 행할 도리나 본분)에만 매달려 백성들의 삶과 동떨어진 논쟁만 벌였거든요. 청나라를 다녀온 연행사(조선 시대에 청나라에 파견한 사신단)와 학자들은 새로운 서구 문물과 다양한 과학 기술을 접하면서 새로운 학문에 눈을 떴어요. 백성이 잘사는 나라를 만들기 위해 실학은 현실 문제에 적극 관심을 기울이고, 여러 개혁 방안을 내놓으며 사회를 개혁하려 애썼지요. 실학사상을 주장하는 실학자들은 현실 사회의 문제점을 극복하려고 다양한 분야에 관심을 기울였어요. 유형원, 이익, 정약용 등 농업을 중시하는 중농학파는 농민이 잘살 수 있도록 토지 제도를 개혁하고 과학적인 농사 기술을 보급하려고 했어요. 홍대용, 박지원, 박제가 등 상공업을 중시하는 중상학파는 상공업을 장려하고 기술을 개발해야 한다고 생각했어요. 특히 청나라의 새로운 문물을 적극 수용해야 한다고 주장하여 북학파라고도 불러요. 실학 연구가 활발해지면서 중국 중심의 세계관에서 벗어나 세계가 훨씬 넓다는 인식도 퍼졌어요. 또한 자주적으로 우리 역사와 우리 땅, 우리 글에 관심을 갖고 연구하기 시작했답니다.

거중기를 만들면 수원 화성을 짓는 데 도움 되겠어.

외국에서 들어온 **종교**가 아닌 것은?

1. 불교
   - 나무 관세음보살~

2. 동학
   - 사람이 곧 하늘이라.
   - 人乃天

3. 유교
   - 공자 가라사대~

4. 천주교
   - 인간은 누구나 하느님 앞에서 평등~

정답 ❷ 동학은 조선 철종 때 최제우가 만든 민족 종교예요. 불교와 유교는 삼국 시대에 중국에서 들어왔고, 천주교는 조선 후기에 들어왔답니다.

동학

1860년에 최제우가 창시한 민족 종교

조선 후기, 불교와 유교가 종교 역할을 제대로 못하는 와중에 백성들에게 천주교(서학)가 알려졌어요. 천주교는 조선의 신분 질서와 고유한 우리 풍속을 해친다는 우려 속에서도 널리 퍼져 나갔지요.
이에 최제우는 우리 것을 지키고 백성 편에 서는 종교라며 동학을 창시했어요. 동학은 사람이 곧 하늘이라는 인내천 사상을 기본 교리로 삼아, 인간 존중과 평등을 외쳤어요. 지배층에 억눌린 백성들에게 큰 위로가 되었지요.
하지만 조정에서는 동학을 탄압했어요. 기존의 양반 중심 사회를 어지럽히고 백성을 속인다며 최제우를 붙잡아 처형했지요. 계속된 탄압에도 동학은 농민을 중심으로 신도 수가 무섭게 늘어났어요. 1894년에는 전봉준을 중심으로 동학교도와 농민이 힘을 모아 탐관오리의 횡포에 맞서는 동학 농민 운동이 일어났답니다.

조선 후기에 나타난 서양의 배
이양선의 다른 이름은?

1 괴물선

"괴물 같지?"

2 어이선

"어이 없네?"

3 황당선

"황당하네?"

4 펑펑선

정답 ❸ 조선 후기에 강화도 앞바다에 나타난 서양의 배 이양선은 조선 사람들의 눈에 '정체를 알 수 없어 황당하다.'고 하여 황당선이라고도 불렸답니다.

이양선

조선 후기에 우리나라 바닷가에 나타난 서양의 배

이양선은 조선의 배와 모양이 다른 배라는 뜻으로, 조선 후기에 여러 개의 돛을 달고 대포로 무장한 채 조선 앞바다에 나타난 거대한 서양 배예요. 청나라와 일본이 서양 세력의 강요로 문호를 개방했다는 소식이 들려오면서, 조선에도 이양선이 자주 출몰했어요. 그래서 조선 사람들의 불안감은 증폭했지요. 처음에는 실수로 잘못 들르거나 풍랑을 만나 표류하다 들어오기도 했어요. 하지만 조선의 해안을 측량한다는 이유로 점차 자주 들어왔어요. 그러고는 바닷가에 사는 주민을 폭행하거나 물건을 빼앗으며 말썽을 피우고, 강제로 조선에 통상(나라들끼리 물건을 사고파는 일)을 요구했지요. 너그럽게 대하던 조선은 더는 참을 수 없어 단호히 맞서 이양선을 쫓아냈답니다. 덩달아 서양인이 천주교를 몰래 전파하는 일도 금지했지요.

61 퀴즈 한국사기초개념잡기 난이도 ★★☆

흥선 대원군은 왜 다른 나라와 교류하기를 싫어했을까?

1 다른 나라 물건의 질이 별로라서

2 절차가 너무 복잡해서

3 생필품이 빠져나가서

4 다른 나라 물건이 너무 비싸서

정답 ❸ 흥선 대원군이 다른 나라와 수교(교제를 맺는 일)를 거부한 이유는 백성들에게 필요한 생필품이 빠져나간다고 생각했기 때문이에요.

통상 수교 거부 정책

다른 나라와 통상이나 교역을 거부하는 외교 정책

통상 수교 거부 정책이란 다른 나라와 관계를 맺지 않고 통상이나 교역을 거부하는 정책을 말해요. 어린 고종을 대신해 흥선 대원군이 집권하는 동안 실시한 대외 정책이지요.

처음에는 흥선 대원군도 청나라를 통해 들어오는 서양 문물이 신기했어요. 특히 서양의 과학 기술과 무기에 관심이 많았지요. 하지만 조선에 들어오는 물품이 조선의 백성들에게 꼭 필요한 물품이 아니라고 판단했어요. 반면에 통상을 맺었을 때 조선에서 나가야 하는 물품은 곡식이나 옷감 등 생활에 꼭

흥선대원군

필요한 생필품이었어요. 이대로 계속 통상이나 교역을 하다간 백성의 삶에 도움이 되지 않을 거라고 판단했지요.

게다가 서양에서 들어온 천주교가 조선의 전통문화와 충돌하자, 흥선 대원군은 서양과 수교하지 않겠다는 다짐을 분명하게 드러내려고 척화비까지 세웠답니다.

3장 마무리

교과서 개념이 쏙 담긴 개념 연표

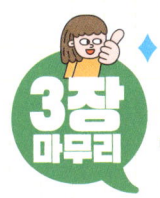

조선 시대에는 519년 동안 27명의 왕이 정치했어요.

어떤 왕이 있었는지, 주요 사건은 뭔지 한 번 살펴볼까요?

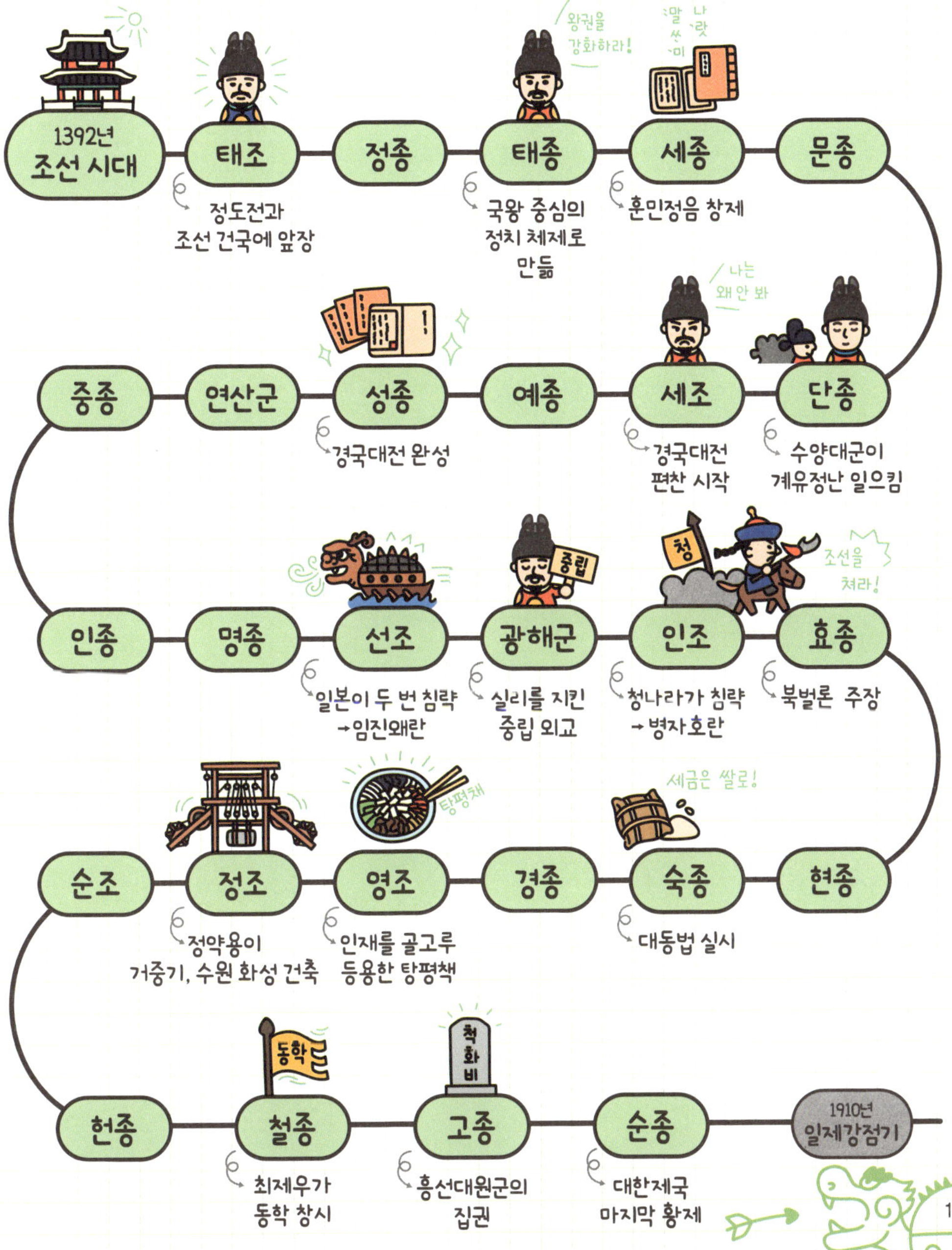

1392년 조선 시대
태조
정도전과 조선 건국에 앞장
정종
왕권을 강화하라!
태종
국왕 중심의 정치 체제로 만듦
세종
훈민정음 창제
문종
단종
수양대군이 계유정난 일으킴
나는 왜 안 봐
세조
경국대전 편찬 시작
예종
성종
경국대전 완성
연산군
중종
인종
명종
선조
일본이 두 번 침략 →임진왜란
중립
광해군
실리를 지킨 중립 외교
청
조선을 쳐라!
인조
청나라가 침략 →병자호란
효종
북벌론 주장
현종
세금은 쌀로!
숙종
대동법 실시
경종
탕평채
영조
인재를 골고루 등용한 탕평책
정조
정약용이 거중기, 수원 화성 건축
순조
헌종
동학
철종
최제우가 동학 창시
척화비
고종
흥선대원군의 집권
순종
대한제국 마지막 황제
1910년 일제강점기

4장
교과서 속 근대 이야기

우리나라도 1876년부터 서양의 문물을 조금씩 받아들이며
근대화의 바람이 일었어요. 우리 조상은 어떻게 근대화를 준비했는지,
일제 강점기에는 광복을 위해 어떤 노력을 했는지 알아보아요.

강화도 조약 | 임오군란 | 갑신정변 | 동학 농민 운동 | 청일 전쟁 | 갑오개혁 | 독립 협회
을사늑약 | 애국 계몽 운동 | 무단 통치 | 삼일절 | 의열단 | 신간회 | 무장 독립운동
민족 말살 정책 | 한국광복군

강화도 조약에 대한 설명으로 옳지 않은 것을 모두 고르면?

제1조. 조선은 자주국*으로 일본과 평등한 권리를 가진다.
제4조. 조선은 부산 이외에 두 항구를 20개월 이내에 개항하고 일본인이 오가며 통상하는 것을 허용한다.
제7조. 일본인이 조선의 해안을 자유롭게 측량하는 것을 허용한다.
제10조. 조선의 항구에서 일어난 일본인의 범죄 사건은 일본 관리가 심판한다.

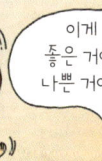 

이게 좋은 거야, 나쁜 거야?

*자주국 : 다른 나라의 간섭 없이 스스로 자기 나라의 일을 결정하는 나라

 일본은 조선을 자주국으로 인정했다.

 일본은 조선과 평등하게 교류하려고 애썼다.

 바다를 통해 조선을 침략하려고 했다.

 일본인의 범죄를 조선이 막을 수 없게 되었다.

정답 ❶, ❷ 강화도 조약은 일본의 강압으로 체결된 불평등 조약이에요. 제1조에 담긴 뜻은 조선을 자주 국가로 인정하려는 게 아니라, 일본이 청나라의 간섭 없이 조선을 침략하겠다는 내용이랍니다.

강화도 조약

1876년 조선이 일본의 강압에 못 이겨 불평등하게 맺은 근대적 조약

흥선 대원군이 통상 수교 거부 정책을 고집할 때, 일본은 서양의 근대 문물을 받아들이며 근대화를 이루었어요. 호시탐탐 조선에 통상을 강요하려던 일본은 1875년 영국에서 사들인 신식 군함 운요호를 끌고 강화도에 쳐들어왔어요. 강화도 수비군이 운요호에 공격을 퍼붓자, 일본은 오히려 강화도를 쑥대밭으로 만들고 영종도에 쳐들어가 민가를 습격했지요.

강화도 조약은 운요호 사건을 계기로, 1876년에 강화도에서 일본의 강압에 못 이겨 불평등하게 맺은 조약이에요. 조선이 외국과 나라 대 나라로 처음 맺은 근대적 조약이지만, 조선이 다른 나라 때문에 강제로 문호를 개방한 불평등 조약이지요. 강화도 조약은 12개조로 이루어졌어요.

〈강화도 조약의 주요 조항에 담긴 속뜻〉

제1조. 조선은 자주국으로 일본과 평등한 권리를 가진다.
→ 당시 조선의 일에 매번 간섭하던 청을 떼어 내고, 일본이 조선을 약탈하려는 속셈이에요.
제4조. 조선은 부산 이외에 두 항구를 20개월 이내에 개항하고 일본인이 오가며 통상하는 것을 허용한다.
→ 일본이 조선의 경제를 본격적으로 침탈하려는 거예요.
제7조. 일본인이 조선의 해안을 자유롭게 측량하는 것을 허용한다.
→ 일본이 해안을 측량해 지도를 만들어 훗날 조선을 침략할 속셈이에요.
제10조. 조선의 항구에서 일어난 일본인의 범죄 사건은 일본 관리가 심판한다.
→ 조선 땅에서 일본인이 죄를 저질러도 조선의 법으로는 처벌할 수 없게 하려는 거예요.

우리나라 최초의 신식 군대인 별기군 때문에 생긴 문제는?

1 구식 군대와 힘을 합쳐 군대의 힘이 너무 세졌다.

2 구식 군대가 차별한다면서 난을 일으켰다.

3 힘센 군인이 민간인을 괴롭혔다.

4 군인의 군기가 빠졌다.

정답 ❷ 신식 군대인 별기군이 특별한 대우를 받자, 구식 군대가 폭발해 난을 일으켰답니다.

임오군란

신식 군대의 특별 대우에 구식 군대가 폭발해 일으킨 반란

임오군란은 1882년에 신식 군대가 받는 특별한 대우에 불만을 품고 구식 군대가 일으킨 반란이에요.

조선은 1876년 강화도 조약 이후 개화 정책을 추진했어요. 그러면서 1881년, 별기군이라는 신식 군대를 만들었지요. 군복부터 무기, 급료 등 대우가 월등한 별기군에 비해 구식 군대는 급료조차 제때 받지 못했어요. 1년이 훌쩍 지나서야 겨우 한 달 치 급료로 쌀을 받았는데, 쌀에 모래와 겨가 잔뜩 섞여 나오자 구식 군대는 결국 폭발하고야 말았지요.

별기군

구식 군대는 개화에 반대하던 백성들과 힘을 합쳐 부패한 관리의 집에 불을 지르고, 일본 공사관에 쳐들어가 관리들을 죽였어요. 이 사건이 바로 임오군란이에요. 구식 군대는 급기야 고종과 개화 정책을 추진한 명성 황후를 죽이려고 했어요. 그러자 고종은 급히 흥선 대원군을 불러들였지요. 다시 정권을 잡은 흥선 대원군이 못마땅했던 명성 황후는 청나라에 도움을 요청했는데, 훗날 청나라가 조선에 심하게 간섭하는 빌미를 만들었지요. 일본 또한 일본 관리를 죽인 책임을 요구하며 조선에 군대를 보냈답니다.

조선의 급진 개화파가 일으킨 갑신정변의 내용으로 틀린 것은?

1 갑신년에 일어났다.

2 우체국에서 일어났다.

3 3일 만에 실패했다.

4 백성들이 적극 지지했다.

정답 ④ 갑신정변은 급진 개화파가 갑신년에 우정총국에서 일으킨 정변으로, 3일 만에 끝났어요. 백성의 지지를 얻지는 못했답니다.

갑신정변

1884년에 급진 개화파가 조선의 독립과 근대화를 위해 일으킨 정변

갑신정변은 1884년에 급진 개화파가 조선의 자주독립과 근대화를 목표로 개혁을 시도한 정변이에요.

임오군란을 진압한 청나라가 조선의 정치에 간섭하자, 급진 개화파는 청나라와 민씨 세력을 아예 몰아내고 일본을 모델로 삼아 서양의 문물을 받아들여 서둘러 근대화를 이루어야 한다고 주장했어요.

1884년 12월 4일 김옥균, 박영효를 비롯한 급진 개화파는 우정총국(조선 최초의 우체국) 개국식에서 일본의 도움을 받아 민씨 세력과 친청 관료들을 제거하고 정권을 잡았어요. 그러고는 갑신정변의 정신을 담은 14개조 개혁안을 발표했지요.

하지만 갑신정변은 3일 만에 물거품이 되고 말았어요. 청나라가 급진 개화파를 진압하기 위해 군대를 보냈고, 정세가 불리하다고 판단한 일본마저 등을 돌렸거든요. 갑신정변은 비록 실패했지만, 조선을 근대 국가로 만들려고 개혁을 시도했다는 데 큰 의미가 있어요. 하지만 조선의 자주독립을 일본에 의존하려 했고, 백성의 지지와 참여를 받지 못하고 소수 지식인이 시도했다는 점은 매우 아쉬워요.

〈14개조 개혁안의 주요 내용〉

- 청나라한테서 독립해 자주적인 모습을 갖추자.
- 신분 차별 없이 능력에 따라 인재를 등용하자.
- 탐관오리를 처벌하고 백성을 위한 정책을 시행하자.
- 근대적인 기구를 두어 일을 잘 분담해서 효율적으로 추진하자.

퀴즈 65

한국사 기초 개념 잡기 / 난이도 ★★☆

조선 후기에 **동학 농민 운동**이 일어난 이유로 틀린 것은?

1 관리들이 백성들의 재물을 빼앗아서

2 세금을 엉터리로 걷어서

3 나라에서 불교를 우대해서

4 먹을 것이 없어서

정답 ❸ 개항 이후 관리들이 백성의 재물을 빼앗거나 세금을 과중하게 부과했어요. 심지어 먹을 것이 없어 굶어 죽는 백성도 생겼답니다.

동학 농민 운동

1894년에 전봉준을 중심으로 동학교도와 농민이 일으킨 혁명 운동

동학 농민 운동은 1894년 전봉준이 중심이 된 동학교도와 농민이 일으킨 농민 혁명 운동이에요.

개항 이후 치솟는 물가와 지방 관리의 횡포로 농민들의 생활은 어려웠어요. 특히 전라도에서 탐관오리로 유명한 고부 군수 조병갑이 농민들에게 지나치게 세금을 거둬들이는 등 부정부패와 수탈을 일삼자, 1894년 1월, 1천여 명의 동학교도와 농민들은 동학의 우두머리 전봉준을 앞세워 관아를 습격했지요. 동학 농민 운동의 발단이 된 고부 민란이에요.

고부 민란에 놀란 조정은 군수를 새로 임명하고 고부 민란을 수습하기 위해 조사관 이용태를 내려보냈어요. 하지만 이용태가 제대로 조사하기는커녕 민란을 일으킨 농민들을 잡아들이자, 농민들의 불만은 더욱 커졌지요.

1894년 봄, 전봉준은 대규모 동학 농민군을 이끌고 다시 봉기해, 신분 제도를 없애고 세금 제도를 고칠 것을 요구하며 관군과 싸웠어요. 외세가 개입해 해산한 동학 농민군은 청일 전쟁을 일으킨 일본에 대항해 또다시 봉기했어요. 하지만 우금치 전투에서 일본군에 패하면서 동학 농민 운동은 실패로 끝났지요. 동학 농민 운동은 이후 항일 의병 운동과 3·1 운동으로 이어졌답니다.

청나라와 일본이
조선 땅에서 전쟁한 이유는?

1 조선을 보호하려고

2 조선을 차지하려고

3 조선이 요청해서

4 다른 나라를 견제하려고

정답 ❷ 동학 농민군이 스스로 해산하자 조선의 조정은 청나라와 일본이 돌아가길 요구했어요. 하지만 조선을 차지하려고 두 나라는 조선 땅에서 전쟁을 일으켰답니다.

청일 전쟁

1894년부터 1895년까지 청나라와 일본이 조선 지배권을 두고 싸운 전쟁

청일 전쟁은 1894년에 조선 지배권을 둘러싸고 조선 땅에서 청나라와 일본 사이에 벌어진 전쟁이에요.

동학 농민군의 기세가 잦아들지 않자, 조정은 동학 농민군을 진압하기 위해 청나라에 지원군을 요청했어요. 청나라군이 조선에 들어오자 일본군도 기다렸다는 듯이 톈진 조약을 근거로 조선에 들어왔어요. 동학 농민군이 조정과 화해하고 스스로 해산했는데도 청나라와 일본은 돌아가지 않았어요. 결국 일본은 경복궁을 점령하고 친일 정권을 세우더니, 급기야 청나라 군함을 공격해 청일 전쟁을 일으켰지요.

동학 농민군은 일본이 조선 침략에 열을 올리자 더는 두고 볼 수 없어 다시 일어났어요. 하지만 신식 무기로 무장한 일본군을 당해 내지 못하고 우금치 전투에서 패하고 말았지요. 전봉준 등 동학 농민군 지도자들이 잡혀 처형되면서 동학 농민 운동도 막을 내렸어요.

청일 전쟁에서 승리한 일본은 막대한 배상금과 함께 청나라의 요동반도까지 넘겨받았어요. 일본은 새로운 강대국으로 떠올랐지요. 또한 청나라 간섭 없이 조선을 지배하게 되면서 훗날 조선을 손아귀에 넣었답니다.

67 퀴즈

한국사기초개념잡기 / 난이도 ★★☆

갑오개혁의 내용으로 옳은 것을 모두 고르면?

1 신분제가 사라졌다.

이제 우리 평등한 겁니다.

2 과거 제도가 사라졌다.

9년째 과거 시험을 준비했는데…

3 재혼이 사라졌다.

과부는 재혼을 금지한다!

4 왕이 사라졌다.

내가 사라지고 있다!

정답 ①, ② 갑오개혁은 신분제와 과거 제도를 폐지하고, 과부의 재혼을 허용했어요.

갑오개혁

조선이 낡은 제도를 바꿔 근대 국가로 나아가기 위해 추진한 개혁

갑오개혁은 1894년부터 약 2년간 김홍집을 중심으로 조선이 근대 국가로 나아가기 위해 3차에 걸쳐 추진한 개혁이에요.

청일 전쟁에서 승리한 일본은 조선의 정치에 깊이 간섭했어요. 일본과 가까운 개화파를 앞세워, 군국기무처를 세우고 조선에 개혁을 강요했지요. 갑오개혁은 조선을 청한테서 독립하고 신분제를 없애는 등 근대 국가로 나아가게 한 개혁이지만, 사실은 일본이 일본 입맛대로 조선의 제도와 법을 바꾸려는 속셈이 숨어 있었어요. 정작 우리 농민들에게 필요한 토지 제도 개혁이 빠졌고, 군사 제도 역시 소홀히 다루었답니다.

1895년 1월, 고종은 일본의 간섭 아래 갑오개혁의 개혁안을 담은 '홍범 14조'를 발표했어요. 홍범 14조는 우리나라 최초의 근대 헌법이랍니다.

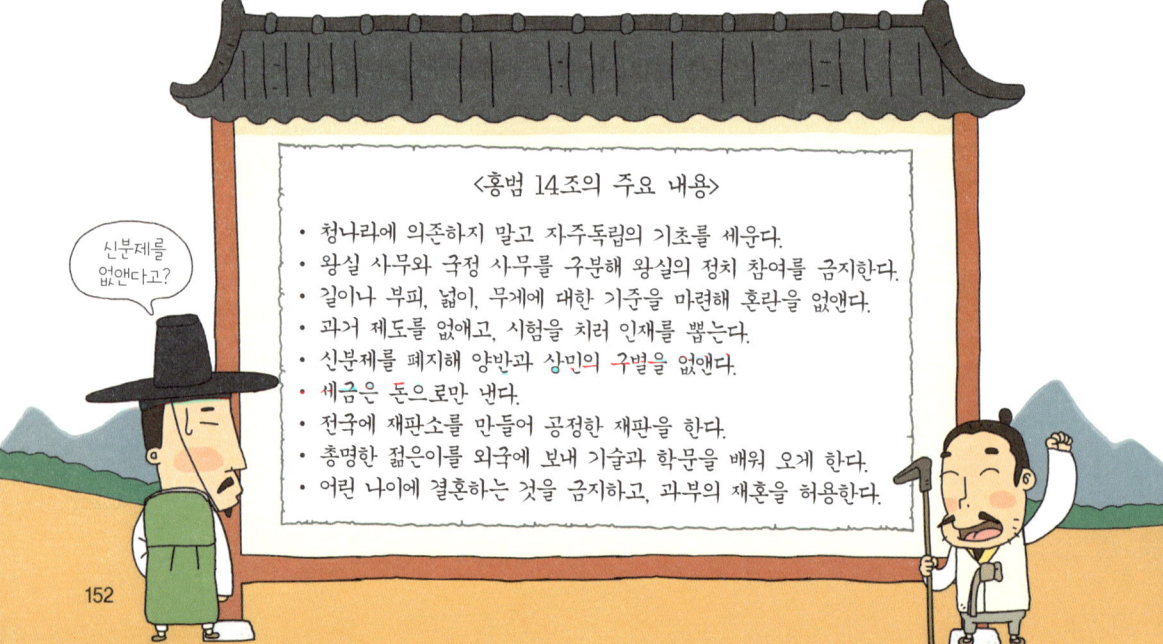

〈홍범 14조의 주요 내용〉
- 청나라에 의존하지 말고 자주독립의 기초를 세운다.
- 왕실 사무와 국정 사무를 구분해 왕실의 정치 참여를 금지한다.
- 길이나 부피, 넓이, 무게에 대한 기준을 마련해 혼란을 없앤다.
- 과거 제도를 없애고, 시험을 치러 인재를 뽑는다.
- 신분제를 폐지해 양반과 상민의 구별을 없앤다.
- 세금은 돈으로만 낸다.
- 전국에 재판소를 만들어 공정한 재판을 한다.
- 총명한 젊은이를 외국에 보내 기술과 학문을 배워 오게 한다.
- 어린 나이에 결혼하는 것을 금지하고, 과부의 재혼을 허용한다.

신분제를 없앤다고?

독립 협회가 한 일이 아닌 것은?

1 국민 계몽 운동을 펼쳤다.

2 정부 정책을 비판했다.

3 만민 공동회를 열었다.

4 척화비를 만들었다.

정답 ❹ 척화비는 조선 고종 때 흥선 대원군이 서양 세력을 배척하려는 뜻을 담아 세운 비석이에요.

독립 협회

우리나라의 자주독립과 개혁을 위해 조직한 사회 정치 단체

독립 협회는 1896년 7월에 조선의 자주독립과 정치 개혁을 위해 급진 개화파 서재필이 조직한 단체예요. 우리나라 최초의 근대적 사회 정치 단체지요. 갑신정변에 실패해 미국에 망명한 서재필이 조선으로 돌아왔어요. 서재필은 국민을 계몽하여 조선을 자주독립 국가로 만들고, 국민의 지지를 얻어 근대 개혁을 이루려고 했어요. 서재필은 가장 먼저 국민을 깨우치고자, 정부의 도움을 받아 〈독립신문〉을 발간하고, 자주독립의 상징인 독립문을 세우기 위해 개화파 지식인과 뜻을 모아 독립 협회를 설립했지요.

독립 협회는 청나라 사신을 맞이하던 영은문(조선이 중국에서 오는 관리들을 맞이하던 문)을 헐고, 국민의 성금을 모아 자주독립의 상징인 독립문을 세웠어요. 1898년 3월에는 종로에서 만민 공동회라는 민중 집회를 열어 정부 정책을 비판했어요. 또 정부에 헌의 6조를 건의하고, 국민 참정권과 의회의 설립을 제안했어요. 하지만 일부 보수 세력과 고종에게 독립 협회의 급진적 활동은 껄끄럽기만 했어요. 결국 1898년 12월 고종은 독립 협회를 해산하라고 명령했답니다.

조선, 대한 제국이 되다

퀴즈 69
난이도 ★★★
한국사 기초 개념잡기

대한 제국 설립 후, **일본**이 조선에서 **전쟁**을 벌인 상대는?

1 조선의 농민들

2 러시아

3 조선의 지배층

4 미국

정답 ❷ 아관파천으로 러시아가 한반도에 세력을 뻗치자, 일본은 대한 제국을 차지하기 위해 러시아와 전쟁을 벌였답니다.

을사늑약

1905년 일본이 대한 제국의 외교권을 빼앗으려고 강제로 맺은 조약

을사늑약은 1905년 일본이 대한 제국을 협박하여 강제로 맺은 조약이에요. 1904년 2월 8일 러일 전쟁이 일어났어요. 한반도와 만주의 지배권을 둘러싸고 일본이 또다시 러시아와 전쟁을 벌였어요. 전쟁에서 승리한 일본은 본격적으로 한반도를 침략하려는 야욕을 드러냈지요.

1905년 11월, 일본 특사 이토 히로부미는 대한 제국을 보호해 주겠다며 을사늑약을 맺으라고 강요했어요. 을사늑약은 대한 제국의 외교권을 빼앗고, 통감부를 설치해 내정을 장악하겠다는 내용이에요. 명분은 대한 제국을 보호해 주겠다는 내용이지만, 사실은 일본의 식민지로 삼겠다는 것이지요.

대한 제국의 황제 고종은 을사늑약에 반대했어요. 거듭된 일본의 협박에도 계속 거부하자, 일본은 조약에 찬성하는 대신들만 불러 다시 회의를 열었지요. 이완용을 비롯한 다섯 명의 친일파를 을사오적이라고 하는데, 고종을 뺀 채 5명의 대신들만 참석해 맺은 을사늑약으로 대한 제국은 외교권을 빼앗기고, 일본의 식민지가 되었답니다.

70 퀴즈

난이도 ★★☆

한국사 기초 개념 잡기

일제에 맞서 나라를 지키려고 일어난 애국 계몽 운동을 모두 고르면?

1 광복군에 가입하자!

"나도!" "나도!"

2 의열단에 가입하자!

"어서들 오시게."

3 학교를 세우자!

"배워야 산다."

4 나랏빚을 갚자!

"나라가 망한다는데, 동참해야지!"

정답 ❸, ❹ 실력을 기르기 위해 사립 학교를 세웠고, 국권을 회복하기 위해 일본에 진 빚을 갚자는 국채 보상 운동을 전개했지요.

애국 계몽 운동

우리 민족의 실력을 키워 국권을 되찾자는 운동

1905년부터 1910년 사이에 전개한 애국 계몽 운동은 우리 민족의 실력을 키워 국권을 되찾자는 운동이에요. 을사늑약 때부터 국권 피탈 때까지 교육, 언론, 종교 등 여러 방면에서 일어났지요.

대한 자강회, 대한 협회, 신민회 등 많은 계몽 운동 단체가 활동했는데, 애국 계몽 운동을 가장 활발히 진행한 단체는 신민회예요. 1907년 안창호, 이승훈 등을 중심으로 결성한 신민회는 비밀 정치 단체로, 가장 먼저 교육 운동에 뛰어들었어요. 대성 학교, 오산 학교를 비롯해 전국에 100여 개의 사립 학교를 세워 민족주의 교육을 시행했어요. 언론 분야에서는 〈황성신문〉이나 〈대한매일신보〉 등이 일본의 침략을 폭로하며 국민을 계몽했지요.

경제 분야에서는 국민의 힘으로 일본에 진 빚을 갚자는 국채 보상 운동을 전개했어요. 1907년 대구에서 시작되어 전국으로 퍼져 나갔지만, 아쉽게도 일본의 방해로 중단되고 말았답니다.

일제 강점기에 조선인이 **조선**에서 **회사**를 차릴 때 **일제**가 추진한 **정책**은?

1 지역을 나누어 과한 경쟁을 막았다.

2 일본인과 정정당당하게 경쟁하도록 도왔다.

3 허가 없이는 회사를 차리지 못하게 했다.

4 되도록 밀어주고 세금을 많이 걷었다.

정답 ❸ 조선에서 회사를 세우려면 반드시 조선 총독부의 허가를 받아야 했어요.

무단 통치

1910년대 일본이 군사 경찰을 동원해 무력으로 다스린 통치 방식

무단 통치는 일본이 우리 민족을 지배하기 위해 군사 경찰을 동원해 무력으로 밀어붙인 통치 방식으로, 1910년 국권 피탈 직후부터 1919년 3·1 운동까지를 무단 통치 시기라고 해요.

1910년 8월, 일본은 우리의 국권을 강제로 빼앗고 식민지로 삼았어요. 신문을 폐간하고, 수많은 민족 단체를 해체했어요. 학교에서는 교사에게 칼을 차고 제복을 입혀 수업하게 했고, 조선인에게만 태형을 적용해 작은 잘못에도 곤장을 때렸어요.

무단 통치 시기에 일본은 토지 조사 사업을 시행했어요. 서류도 복잡하고, 신고 기간도 짧아서 토지 주인으로 인정받기란 하늘의 별 따기였어요. 결국 일본은 우리나라 토지의 40%를 주인 없는 토지로 만들어 빼앗았어요. 그러고는 동양 척식 주식회사를 통해 일본인에게 싼값에 팔아 버렸지요. 또한 조선에서 회사를 세우려면 회사령에 따라 반드시 조선 총독부의 허가를 받아야 했어요. 조건만 갖추면 회사를 세울 수 있다고 했지만, 실제 상황은 달랐어요. 회사 설립이 어렵다 보니 결국 우리 민족 자본을 가진 회사가 사라져 버렸답니다.

퀴즈 72

난이도 ★☆☆

한국사 기초 개념 잡기

3·1 운동의 특징을 바르게 설명한 것은?

1 비폭력 시위

"일본은 물러가라!"

2 소규모 참여

"혼자야?" "일당백!"

3 일회성 만세 운동

"끝?" "한 번이면 충분해."

4 특정 계층 참여

"학생 아니면 빠져!"

정답 ❶ 3·1 운동은 우리의 독립 의지를 표현한 비폭력 시위로, 전국에서 남녀노소 누구나 참여한 대규모 만세 운동이에요.

삼일절

3·1 독립운동 정신을 계승하여 우리 민족의 애국심을 고취하려는 국경일

3·1 운동은 1919년 3월 1일에 우리 민족이 일본에 맞서 독립을 선언한 대규모 만세 운동이에요. 삼일절은 3·1 운동의 독립 정신을 계승해 우리 민족이 단결하고 애국심을 불어넣기 위해 제정한 국경일이지요.

1918년 제1차 세계 대전이 끝나갈 무렵 미국의 윌슨 대통령이 민족 자결주의를 주장했어요. 민족 자결주의는, 각 민족은 스스로 나랏일을 결정할 권리가 있으며 다른 민족의 간섭을 받을 수 없다는 내용이에요. 이는 식민 지배를 받던 우리 민족에게 독립할 수 있다는 희망을 안겨 주었지요. 만주에서는 독립 선언서를 발표하였고, 일본에서도 유학생들이 2월 8일에 독립 선언서를 발표했지요. 국내에서도 민족 지도자를 중심으로 비밀리에 독립 만세 운동을 준비했어요. 고종이 독살당했다는 소문이 퍼지면서 우리 민족은 더욱 분노하며 고종의 국장일 이틀 전인 3월 1일을 거사 일로 잡았답니다.

1919년 3월 1일 민족 대표 33인은 서울 태화관에서 〈독립 선언서〉를 낭독하고 '대한 독립 만세'를 외쳤어요. 우리 민족은 일제에 맞서 자주독립을 선언하고, 평화적으로 만세 운동을 벌였지요. 일제의 엄청난 탄압에 수많은 사람이 학살되었지만, 3·1 운동은 우리 민족의 독립 의지를 알린 항일 운동이었답니다.

73 퀴즈

한국사 기초 개념 잡기 난이도 ★★★

의열단이 정한 5파괴에 해당하지 않는 곳은?

1. 조선 총독부

여기가 조선을 통치하는 중심이지.

2. 동양 척식 주식회사

조선의 경제를 수탈하지.

3. 종로 경찰서

조선의 독립운동가를 탄압하지.

4. 보통학교

조선 아이들에게 일본어를 가르치지.

정답 ❹ 의열단이 내세운 '5파괴' 대상은 조선 총독부, 동양 척식 주식회사, 매일신보사, 각 경찰서, 기타 왜적의 중요 기관이에요. 보통학교는 해당되지 않아요.

의열단

1919년 만주에서 조직한 비밀 항일 무력 독립운동 단체

의열단은 1919년 11월 만주에서 김원봉, 윤세주를 중심으로 조직한 항일 무력 독립운동 단체예요. 3·1 운동의 영향으로 러시아에서 결성한 대한 노인단 회원인 강우규가 사이토 총독에게 폭탄을 던진 사건을 계기로 젊은 청년 13명이 자극받아 결성한 단체이지요.

의열단은 신채호의 '조선 혁명 선언'을 적은 수첩을 항상 갖고 다니며 독립 의지를 불태웠어요. 의열단의 목표는 암살과 파괴 등 무력으로 일제를 타도하는 것이었어요. 그래서 ❶ 조선 총독 이하 고관 ❷ 군부 수뇌 ❸ 대만 총독 ❹ 매국노 ❺ 친일파 거두 ❻ 적탐(밀정) ❼ 반민족적 토호열신(친일 양반·지주) 등을 암살 대상 '7가살'로 삼고, ❶ 조선 총독부 ❷ 동양 척식 주식회사 ❸ 매일신보사 ❹ 각 경찰서 ❺ 기타 왜적 중요 기관 등을 파괴 대상 '5파괴'라 정해 독립운동을 펼쳐 나갔답니다.

의열단의 대표적 항일 의거에는 1920년 박재혁의 부산 경찰서 폭탄 투척, 1921년 김익상의 조선 총독부 폭탄 투척, 1923년 김상옥의 종로 경찰서 폭탄 투척, 1924년 김지섭의 일본 도쿄 궁성 폭탄 투척, 1926년 나석주의 조선 식산 은행과 동양 척식 주식회사 폭탄 투척 등이에요.

74 퀴즈 한국사 기초 개념잡기

난이도 ★★★

3·1 운동 이후 사람들은 어떻게 독립운동을 펼쳤을까?

1 마음 맞는 사람끼리만 모여 독립운동을 했다.

마음이 맞아야 뭘 해도 좋지.

2 배움의 필요성을 깨닫고 학문 연구에만 힘썼다.

학업에 더욱 전념하자!

3 탄압을 하도 당해서 독립운동을 포기했다.

이제 그만할래!

4 힘을 합쳐 하나의 단체를 만들었다.

우리는 하나!

정답 ❹ 3·1 운동 이후 독립운동은 이념을 넘어 힘을 합쳐야 한다는 데 뜻을 모았어요. 사회주의와 민족주의가 연합해 독립운동 단체를 만들었지요.

신간회

1927년 민족주의자와 사회주의자가 연합해 만든 항일 독립운동 단체

신간회는 1927년에 민족주의자와 사회주의자가 연합해 만든 최대 규모의 항일 독립운동 단체예요.

3·1 운동 이후 우리나라의 독립운동은 크게 민족주의와 사회주의, 두 흐름으로 나뉘었어요. 두 사상은 독립운동의 이념부터 방법, 주도 세력 등 많은 부분에서 차이가 나고, 각각 운영되다 보니 독립운동을 펼치는 데 효율성도 떨어졌지요. 그러자 독립을 위해서는 두 사상이 힘을 합쳐야 한다는 데 뜻을 모으고, 이상재와 안재홍 등을 중심으로 신간회가 탄생했답니다.

신간회는 야학을 세우고 전국 순회강연을 열어서 독립 의지를 고취했어요. 일제에 고통받는 소작농의 쟁의와 노동자들의 파업 투쟁에도 적극 지원하고, 청소년과 여성 등 소외 계층에도 관심을 기울이며 사회 문제를 해결하기 위해 노력했지요.

하지만 신간회의 세력이 커지자, 일제는 1929년에 일어난 광주 학생 항일 운동의 배후로 지목하면서 신간회를 탄압했어요. 결국 신간회는 1931년에 두 이념 간에 갈등이 커지면서 스스로 해산했답니다.

퀴즈 75 난이도 ★★☆
한국사 기초개념잡기

항일 운동이 **애국 계몽 운동**에서 **무장 독립운동**으로 바뀐 이유는?

1 애국 계몽 운동만으로는 독립하기가 어려워서

2 체력을 기른 독립군이 늘어나서

3 독립군에게 무기를 살 만한 돈이 생겨서

4 사람들이 여유가 생겨서

정답 ❶ 1910년대 펼친 애국 계몽 운동으로 나라의 힘은 키웠지만, 독립은 이루어지지 않았어요. 그래서 1919년 3·1 운동 이후 무장 독립 투쟁의 필요성을 느꼈답니다.

무장 독립운동

1920년대 이후 일제에 무력으로 맞선 독립운동

무장 독립운동은 독립운동가들이 만주와 연해주 일대에서 우리 민족의 독립을 위해 일제에 무력으로 맞선 독립운동을 말해요.

1910년대 애국 계몽 운동은 국내에서 이루어지는 활동으로 일제의 감시가 심했어요. 1919년 3·1 운동 이후, 독립운동가들은 무력으로 일제에 투쟁해야 한다는 필요성을 느꼈지요. 그래서 일제의 감시가 덜한 해외로 나가서 수많은 무장 독립 단체를 만들었어요.

무장 독립운동 중에서 가장 대표적인 전투는 봉오동 전투와 청산리 대첩이에요. 봉오동 전투는 1920년 홍범도 장군이 이끄는 대한 독립군이 만주 봉오동에서 일본군과 싸워 처음으로 크게 승리한 전투이지요. 청산리 대첩은 백두산 청산리 일대에서 김좌진 장군이 이끄는 북로 군정서군과 홍범도 장군이 이끄는 대한 독립군이 주축이 되어 일본군과 싸워 대승리를 거둔 전투랍니다. 무장 독립운동에서 가장 통쾌하고 빛나는 승리였지요. 일본은 청산리 대첩에서 패배하자, 독립군 근거지인 간도 지역의 조선인들을 무참히 학살했어요. 결국 무장 독립군들은 러시아로 이동했답니다.

일제가 민족 말살 정책을 펼 때 조선 학생의 모습으로 틀린 것은?

1 학교에서 일본어로 공부했다.

2 한글 이름을 일본 이름으로 바꿨다.

3 아침마다 국기에 대한 경례를 했다.

4 아침마다 일본 왕에게 인사를 했다.

정답 ❸ 1930년대에 일본은 우리나라 말과 글을 금지하고, 우리 역사를 배울 수 없게 했어요. 이름도 일본식으로 바꾸고, 매일 아침 일본 왕에게 인사하도록 강요했어요.

민족 말살 정책

1930년대 일본이 우리의 민족의식을 없애려고 실시한 식민지 정책

민족 말살 정책은 1930년대 일제가 우리의 민족의식을 없애 아예 일본인으로 만들려고 실시한 식민지 정책이에요.

1929년 10월에 미국에서 시작된 경제 악화가 전 세계로 퍼지면서 대공황이 일어났어요. 일본은 전쟁을 일으켜 경제 위기를 극복하려고 했어요. 1931년에는 만주를, 1937년에는 중국을, 1941년에는 미국을 침략했어요. 전쟁이 확대되자, 일본은 본격적으로 식민 정책을 강화했어요. 일본의 전쟁에 조선인을 손쉽게 동원하기 위해 민족 말살 정책을 펼쳤지요.

일본은 우리 말과 글을 금지하고 일본어만 사용하도록 강요했어요. 학교에서 우리말을 쓰면 벌을 주었고, 당연히 우리 역사도 배울 수 없었어요. 1939년 11월에는 이름까지 일본식으로 바꾸게 했지요. 거부하면 입학도, 취업도 할 수 없었답니다. 신사 참배(일본 왕실의 조상이나 일본 사당에 절하는 것)는 물론 일본 왕을 숭배하도록 강요하면서 우리 민족의 문화와 전통을 완전히 말살하여 일본인으로 만들려고 했어요.

1940년에 대한민국 임시 정부가 만든 무장 독립군의 이름은?

1 한국광복군

2 조선 의용대

3 한인 애국단

4 의열단

정답 ❶ 대한민국 임시 정부는 1940년 한국광복군을 창설했어요.

한국광복군

다른 나라와 연합하여 일본군과 맞선 대한민국 임시 정부의 정규군

한국광복군은 1940년 9월에 중국에 흩어진 군인들을 모아 중국 충칭에서 임시 정부 최초로 창설한 정식 군대예요.

대한민국 임시 정부는 1919년 3·1 운동을 계기로 독립운동가들이 중국 상하이에 세운 임시 정부예요. 임시 정부는 우리 민족이 광복을 이루려면 일제와 한판 대결을 펼칠 정식 군대가 필요하다고 생각했어요. 그래서 한국광복군을 창설했지요. 김원봉이 이끄는 항일 무장 조직인 조선 의용대가 합류하면서 한국광복군의 힘은 더 커졌어요.

1941년 일본이 태평양 전쟁을 일으키자, 한국광복군은 연합군 소속으로 참전해 일본군과 맞서 싸웠어요. 일본의 패망을 눈앞에 두고 임시 정부는 한국광복군을 국내에 들여보내 일제를 몰아내려고 했어요. 하지만 갑자기 일본이 항복을 선언하면서 국내 진공 작전은 실행하지 못했답니다.

결국 광복 이후 임시 정부는 독립 문제에 대해 발언권을 잃었어요. 한국광복군은 1946년 6월 해체되었답니다.

4장 마무리 참 고마운 **독립운동가**

수많은 독립운동가가 나라를 지키는 데 목숨을 바쳤어요.
나라의 독립만을 위해 뜻을 모은 분들을 기억해요!

1910년 일제 강점기

 김구
대표적인 독립운동가. 의병단, 한국독립당, 한인애국단 등 여러 독립 단체에서 활동. 임시정부를 처음부터 끝까지 이끎.

 **김상옥**
혁신단, 의열단 등에 가입하여 일본에 중요한 기관 파괴. 1923년에 종로 경찰서에 폭탄을 던지고 자결.

 **김좌진**
북로 군정서의 총사령관으로 독립운동에 필요한 병력 양성. 1920년에 일본군과 싸운 청산리 전투를 이끌어 승리.

 **나석주**
의열단 가입 후 1926년 12월 28일에 조선의 경제를 짓밟는 동양 척식 주식회사와 조선 식산 은행에 폭탄을 던지고 자결.

 **안중근**
학교를 세워 인재 양성에 힘씀. 1909년에 만주 하얼빈역에서 조선 침략에 앞장섰던 이토 히로부미를 사살한 후 사형당함.

 **안창호**
독립 협회, 신민회, 흥사단 등 독립 단체에서 활동. 교육을 강조하며 각종 학교 설립. 민족의 지도자를 양성하는 데 힘씀.

 **유관순**
어린 나이에 만세 운동에 적극 참여. 1919년 4월에 감옥에 끌려감. 모진 고문을 당하면서도 대한 독립 만세를 외침.

 **윤봉길**
한인 애국단 출신으로, 1932년에 중국 훙커우 공원에서 열린 일본 행사에 폭탄을 던짐. 체포된 후 고문 끝에 사형당함.

 **윤희순**
우리나라 최초 여성 의병 지도자. 여자 의병들을 모집하여 훈련하고, 독립군의 의병 활동을 적극적으로 지원.

 **이봉창**
1932년에 일본 천황에게 수류탄을 던짐. 비록 실패하여 사형당했지만, 이 행동에 세계가 놀랐고 독립운동에 큰 힘이 됨.

 **이회영**
가족 모두 전 재산을 팔아 독립운동에 사용하며 항일 독립운동을 펼침. 독립군을 키우는 학교를 설립.

 **홍범도**
만주 대한 독립군의 총사령관. 1920년에 봉오동 전투에서 일본군과 싸워 크게 승리. 이후 청산리 전투에도 참여.

찾아보기

▶ 굵은 글씨는 본문에서 주제로 다루는 개념입니다.

ㄱ

가야 ·········· 32, 36, 50, 56
간석기 ·········· 20
갑신정변 ·········· 146, 154
갑오개혁 ·········· 152
강동 6주 ·········· 80
강화도 조약 ·········· 142, 144
견훤 ·········· 64
경국대전 ·········· 106
계백 ·········· 40, 52
계유정난 ·········· 104
고국천왕 ·········· 30
고부 민란 ·········· 148
고인돌 ·········· 22
고조선 ·········· 24, 26
골품제 ·········· 50
공납 ·········· 126
공명첩 ·········· 112, 130
과거제(고려) ·········· 74
과전법 ·········· 96
관창 ·········· 40, 54
광개토 대왕 ·········· 32
광개토 대왕릉비 ·········· 32
구석기 시대 ·········· 16, 18
국권 피탈 ·········· 160, 162
국내 진공 작전 ·········· 174
국채 보상 운동 ·········· 160
궁예 ·········· 64, 70
근초고왕 ·········· 36
금관가야 ·········· 52, 56
급진파 ·········· 90, 92, 96

ㄷ

김유신 ·········· 52, 54, 56
김좌진 ·········· 170
김춘추(태종 무열왕) ·········· 48, 50, 52, 54

ㄷ

단군왕검 ·········· 24
단심가 ·········· 92
대동법 ·········· 126
대조영 ·········· 66
대한민국 임시 정부 ·········· 174
대한 제국 ·········· 155, 158
독립문 ·········· 154
독립 선언서 ·········· 164
독립신문 ·········· 154
독립 협회 ·········· 154
동양 척식 주식회사 ·········· 162, 166
동학 ·········· 134, 148, 150
동학 농민 운동 ·········· 134, 148
뗀석기 ·········· 18

ㅁ

만민 공동회 ·········· 154
무단 통치 ·········· 162
무령왕릉 ·········· 38
무신 정변 ·········· 84
무장 독립운동 ·········· 170
민족 말살 정책 ·········· 172

ㅂ

박혁거세	42
반달 돌칼	22
발해	**66**, 72, 80
법흥왕	44
벽란도	82
별기군	144
병자호란	**118**, 120, 130, 132
봉오동 전투	170
북벌론	120
불교	44, 58, 72, 76, 78, 90
붕당	112, **122**, 124
빗살무늬 토기	20

ㅅ

3·1 운동	148, 162, 164, 166, 168, 170, 174
사불가론	88
사육신	104
살수 대첩	34
삼국 간섭	155
삼국사기	46
삼국유사	24, 52
삼별초	86
삼일절	164
생육신	104
서재필	154
서학	134
서희	80
선덕 여왕	46, 48
선사 시대	16, 18
성골	48, 50

성리학	90, 92, 110, 122, 132
세속 오계	54
세종 대왕	**100**, 102
숭문 천무	84
슴베찌르개	18
시무 28조	76
신간회	168
신라관	60
신라방	60
신라소	60
신라원	60
신민회	160
신석기 시대	**20**, 22
신진 사대부	**90**, 92, 96
실학	132

ㅇ

5파괴	166
6조 직계제	98
아관파천	156
앙부일구	102
애국 계몽 운동	**160**, 170
양반	**108**, 114, 122, 130, 134, 152
양전 사업	98
역사	14, 16, 132, 172
온건파	90, 92
왕건	**70**, 72
움집	20
원효	58
위화도 회군	88

유교	74, 76, 90, 96, 104, 106, 110, 134
을사늑약	**158**, 160
을사오적	158
을지문덕	34
을파소	30
음서제	74
의병	**114**, 148
의상	**58**
의열단	**166**
이방원(태종)	92, 96, **98**
이성계	24, 88, 90, 92, 96, 98
이순신	114
이앙법	**128**
이양선	**136**
이이	110
이차돈	**44**
이황	110
인조반정	118
임오군란	**144**, 146
임진왜란	112, 114, 116, 130, 132

ㅈ

자격루	102
자르개	18
장보고	**62**
장수왕	32
장영실	102
전봉준	134, 148, 150
정도전	90, 92, **96**, 98
정몽주	90, **92**, 96
정묘호란	118
정유재란	112
조선 총독부	162, 166
주먹 도끼	18
중립 외교(광해군)	**116**
진골	48, 50, 52, 54
진대법	30
집현전	**100**, 102
찍개	18

ㅊ

7가살	166
척화비	138
철기 시대	**28**
첨성대	**46**
청동기 시대	16, **22**, 28
청산리 대첩	170
청일 전쟁	148, **150**, 152, 155
청해진	62
초조대장경	78
측우기	102
칠지도	36

ㅌ	
	탕평비 ········· 124
	탕평책 ········· 124
	통상 ········· 136, 138, 142
	통상 수교 거부 정책 ········· 138

ㅍ	
	8조법 ········· 26
	팔만대장경 ········· 78

ㅎ	
	하멜 ········· 120
	한국광복군 ········· 174
	호족 ········· 64, 70, 74
	호패법 ········· 98
	혼천의 ········· 102
	홍범 14조 ········· 152
	홍범도 ········· 170
	화랑도 ········· 54
	황산벌 전투 ········· 40, 52
	훈민정음 ········· 100, 102
	훈요 10조 ········· 72, 80
	흥선 대원군 ········· 138, 142, 144

사진출처

18 주먹도끼, 자르개, 찍개, 슴베찌르개
20 빗살무늬토기
32 광개토 대왕릉비
130 공명첩
– 본 저작물은 국립중앙박물관에 공공누리 제1유형으로 개방한 '주먹도끼', '자르개', '찍개', '슴베찌르개', '서울 암사동 유적 빗살무늬토기', '사료조사2 중국길림 광개토대왕릉비 동면', '공명첩'을 이용하였으며, 해당 저작물은 국립중앙박물관 누리집 홈페이지 (http://www.museum.go.kr)에서 무료로 다운받으실 수 있습니다.

70 왕건
92 정몽주
138 흥선대원군
– Public domain, via Wikimedia Commons

144 별기군
– National Anthropological Archives, Smithsonian Institution

▷ 단원 정리 본문에 사용한 서체는 '인성아이티 귀염발랄체'입니다.

작가 소개

글쓴이 **이승원**

부산교육대학교를 졸업하고, 동양의 나폴리 통영에서
초등학교 학생들을 가르치고 있어요.
학생들에게 학습과 관련한 이야기를
재미있게 들려주고 싶어 해요.

그린이 **유남영**

공주대학교 만화예술과를 졸업하고,
캐릭터 디자이너 겸 일러스트레이터로 활동하고 있어요.
오래 전부터 어린이책에 재미있는 삽화를 그려 넣고 있어요.